Heinz Tomek

TRIEST

Lebendiger Treffpunkt Mitteleuropas

styria regional
CARINTHIA

IMPRESSUM

ISBN: 978-3-7012-0091-7

Bücher aus der Verlagsgruppe Styria gibt es
in jeder Buchhandlung und im Online-Shop
styriabooks.at

Lektorat: Mag. Nicole Richter
Cover und Buchgestaltung:
TACC Media & Production GmbH
Druck und Bindung:
Finidr s.r.o.

Inhalt

Grenzenlose Grenzstadt

Stadtspaziergänge und Ausflugsziele

Allgemeine Informationen

Grenzenlose
Grenzstadt

Grenzenlose Grenzstadt

Annäherung an einen Schnittpunkt der Kulturen

Triest ist eine spröde Schönheit, die nicht jedem gleich um den Hals fällt. Sie will langsam erobert werden. Diese Stadt hat nicht die Einzigartigkeit von Venedig, nicht den großen historischen Hintergrund von Wien, nicht die mediterrane Heiterkeit von Istrien – und doch einen Gutteil von all dem. Wer Triest kennenlernen will, muss empfänglich sein für einen gehörigen Schuss Nostalgie, darf notfalls kalten Wind und peitschenden Regen nicht scheuen. Die Triestiner können nämlich schlechtes Wetter durchaus genießen. In der heimeligen Atmosphäre eines Kaffeehauses etwa, während draußen die Bora tobt und das Meer die große Piazza scheinbar zu verschlingen droht.

Triest ist von herber Schönheit. Mag man die Stadt, dann erscheint sie wie ein frecher, vorlauter Bengel mit blauen Augen und Händen zu groß, um eine Blume damit zu verschenken; wie eine Liebe voll Eifersucht. So beschreibt der Dichter Umberto Saba sein Triest. Einen Ort am Schnittpunkt von Ost und West, Nord und Süd, lateinischer, slawischer, griechischer und jüdischer Welt, wo Mitteleuropa in den mediterranen Raum einfließt, ein Schmelztiegel an Völkern, Kulturen und Religionen. Hermann Bahr, der

österreichische Schriftsteller, der hier seine „Dalmatinische Reise" auf einem Linienschiff des Llyod Triestino begann, sagte über die Stadt: „Merkwürdig ist Triest. Die schönste Landschaft. Schöner als Neapel. Aber gar keine Stadt. Man hat das Gefühl, hier überhaupt nirgends zu sein. Es kommt einem vor, als bewege man sich im Wesenlosen."

Nach dem Zweiten Weltkrieg fast ein halbes Jahrhundert lang ein weltvergessener Winkel am Rande des Balkan, könnte das kosmopolitische Triest nun, da die nur 8 Kilometer vom Zentrum entfernte Grenze zum Nachbarland Slowenien nicht mehr das Ende der westlichen Hemisphäre bedeutet, eine wichtige Brückenfunktion einnehmen. Wenn die Politiker in Rom mitspielen, hat die Stadt alle Chancen, zu einer geistigen wie wirtschaftlichen Drehscheibe, zu einem Knotenpunkt im Herzen Europas zu werden. Erfolgreich konnte sich Triest bereits von dem fatalen Image befreien, nur noch von seiner immer stärker bröckelnden Substanz zu zehren. Viele Jahrzehnte nach dem Zerfall der Donaumonarchie musste k. u. k. Nostalgie als Synonym für Tristesse herhalten. Heute hat man genügend Selbstbewusstsein, um die frisch herausgeputzten Zeugnisse von mehr als fünf Jahrhunderten österreichischer Herrschaft ohne Sentimentalität und mit Stolz als historisches Erbe zu präsentieren, aus dem die Stadt ihre unverwechselbare Identität gewonnen hat. Dazu gehört aber auch, ohne Scheu die dunklen Seiten der Geschichte aufzuzeigen, als zunehmende nationale Spannungen das Pulverfass Triest zu zerreißen drohten.

Ein bisschen Gutes und ein wenig Schlechtes ziehen das Boot gerade, heißt es in einem Triestiner Sprichwort. Wie wahr, hat doch die Stadt zwei Gesichter wie der janusköpfige Brunnen am Beginn der Viale XX Settembre. Nicht nur ein italienisches und ein slawisches, auch ein mitteleuropäisches und ein mediterranes. Fast jeder Triestiner ist zumindest zweisprachig, wobei Italienisch im städtischen Bereich und Slowenisch im umliegenden Karstland vorherrschend sind. Nur eine verschwindende Minderheit kann sich noch auf Deutsch verständigen. Dazu kommt der von der gesamten Bevölkerung gesprochene Triestiner Dialekt, Triestin genannt, der ein kleines Abbild der Sprachen der Donaumonarchie darstellt, enthält er doch zahlreiche Elemente des Venezianischen sowie des Slowenischen, Kroatischen, Deutschen und Griechischen.

Auch historische Figuren und Ereignisse betrachtet man gerne von zwei Seiten. So wird zum Beispiel der Student Guglielmo Oberdan, der eigentlich Wilhelm Oberdank hieß und nach einem missglückten Attentat auf Kaiser Franz Joseph in Triest 1882 hingerichtet wurde, bis heute in Straßennamen und Denkmälern – in ganz Italien – als Märtyrer gefeiert. Gleichzeitig huldigt man nicht nur dem Bruder des Kaisers, Erzherzog Ferdinand Maximilian, auf der Piazza Venezia mit einem mehr als 9 Meter hohen Bronzemonument, das nach 90-jährigem „Exil“ in einem Winkel des Schlossparks von Miramare 2008 wieder seinen ursprünglichen Platz im Stadtzentrum erhielt. Auch das Denkmal von Kaiserin Elisabeth wurde aus der Verbannung geholt. Seit 1997 grüßt „Sisi“ die Triest-Reisenden wieder auf der Piazza della Libertà vor dem Hauptbahnhof.

Während die Bedeutung der Stadt als Seehafen und Warenumschlagplatz aufgrund der jahrzehntelangen sträflichen Vernachlässigung durch die Zentralregierung in Rom nur langsam wieder steigt, hat sich Triest still und leise zu einem der beliebtesten Handels- und Einkaufsorte Italiens entwickelt. Mehr als 4 000 Geschäfte sowie zahlreiche große Kaufhäuser, Einkaufszentren und lokale Märkte locken nicht nur Einheimische, sondern auch viele Besucher aus der näheren und weiteren Umgebung wie Österreich, Slowenien und Kroatien an.

Was gibt es Reizvolleres, als in Antiquitäten- oder Buchläden zu stöbern, schicke Boutiquen rund um den Corso Italia aufzusuchen, sich kulinarische Souvenirs wie Käse, Honig oder Wein einpacken zu lassen, zwischendurch ein Mußestündchen in einem der alten Kaffeehäuser zu verbringen und dann bei einem Spaziergang auf dem Molo Audace schräg gegenüber der Piazza dell'Unità d'Italia den Sonnenuntergang zu genießen? Um den Tag würdig abzuschließen, wartet die Triestiner Gastronomie mit Spezialitäten auf,

deren Ursprünge wiederum aus den verschiedenen Welten der Stadt stammen: italienische Küche, angereichert mit Rezepten aus dem alten Österreich und vom Balkan.

Autofahren ist in Triest allerdings alles andere als ein Vergnügen, hat doch jeder zweite Einwohner einen PKW, von Bussen, Lastwagen, Motorrädern und Mopeds ganz zu schweigen. Wenn es regnet, gerät der Verkehr vollends zum Chaos. Parkplätze und Garagen sind nicht nur im Zentrum rar und dementsprechend teuer. Es lohnt sich daher, den Wagen am Stadtrand – zum Beispiel an der Riviera von Barcola – abzustellen und auf öffentliche Verkehrsmittel umzusteigen.

Die Busse verkehren pünktlich und in relativ kurzen Intervallen. Als einzige Straßenbahn ist die Linie 2 übrig geblieben, die als ratternde Standseilbahn die Piazza Oberdan im Zentrum mit dem hoch im Karst liegenden Opicina verbindet.

Sämtliche Sehenswürdigkeiten von Triest und Umgebung, inklusive Muggia, Duino und die Ortschaften im Karst, sind mit den „Öffis" ohne Stress sicher und bequem zu erreichen. Wie wär's, gönnen Sie doch auch Ihrem Auto einen schönen Triest-Urlaub!

Geografie und Geologie

Triest liegt im Nordosten Italiens am gleichnamigen Golf der Oberen Adria. Die Stadt und ihr Hinterland befinden sich an den Ausläufern des Karsts, einer steinigen, kalkhaltigen und wasserarmen Hochlandschaft, die für ihre Höhlen und Dolinen bekannt ist. Typisch für diese Gegend ist die Terra Rossa, eine aus Kalkstein-Verwitterung entstandene rote Erde, die sich besonders für den Weinanbau eignet.

Steckbrief Triest

Name:	Trieste, Trst (slowenisch/kroatisch), Triest (deutsch)
Staat:	Italien
Region:	Autonome Region Friaul-Julisch Venetien (mit Hauptstadt Triest), bestehend aus 4 Provinzen (Pordenone, Udine, Görz, Triest) mit 218 Gemeinden.
Provinz:	Triest (TS, 212 km²), bestehend aus 6 Gemeinden (Duino-Aurisina, Monrupino, Muggia, San Dorligo della Valle, Sgonico, Triest/Hauptstadt).
Stadt Triest:	Bezirke: 7 Verwaltungsbezirke (*circoscrizioni*), die jeweils mehrere Stadtteile (*rioni*) oder Ortschaften (*frazioni*) umfassen.
Koordinaten:	45°38' N, 13°48' O
Fläche:	84,49 km²
Einwohnerzahl (2010):	205 535 (96 359 männlichen, 109 176 weiblichen Geschlechts), davon 8,4 % Ausländer
Bevölkerungsdichte:	2 433 Einw./km²
Bevölkerungs-entwicklung:	2001–2010 Rückgang um 2,5 %
Zahl der PKW:	525 pro 1 000 Einwohner
Postleitzahl:	34121 – 34151
Währung:	Euro
Zeit:	Mitteleuropäische Zeit MEZ (inkl. Sommerzeit MESZ)
Tel. Vorwahl:	040
Schutzpatron:	San Giusto (Fest am 3. November)

Klima und Reisezeit

Triest hat ein submediterranes Klima, das sich durch heiße, trockene Sommer und milde, regenreiche Winter auszeichnet. Die Durchschnittstemperaturen betragen im Sommer 25° C, im Herbst 16° C, im Winter 8° C und im Frühling 15° C, im Jahresmittel 15,6° C. Die Statistik weist pro Jahr nur 8 Frostnächte auf, dafür aber 2 500 Sonnenstunden. Das Wasser der Oberen Adria erreicht im Hochsommer in Küstennähe bis zu 27° C. Der jährliche Niederschlag beläuft sich auf durchschnittlich 940 mm, die relative Luftfeuchtigkeit auf 64 %.

Ob man es glaubt oder nicht: in der „Stadt der Winde" herrscht an beinahe 200 Tagen im Jahr Windstille, das sind mehr Tage ohne Wind als in den meisten anderen Orten am Mittelmeer. Freilich, die Bora, der plötzlich aufkommende kalte, meist trockene Fallwind aus Nordosten, der im Winter in starken Böen vom Land auf das offene Meer bläst, hat es in sich. Manchmal bringt die Bora Nera sogar Eisregen und Schnee mit. Sie wird durch das Hochplateau kanalisiert, ballt sich in der Bucht von Triest zusammen und fegt mit bis zu 200 Kilometern pro Stunde durch die Stadt. Dann steht fast alles still, die Triestiner bleiben lieber in ihren Häusern. Müllcontainer, die durch die Luft wirbeln, entwurzelte Bäume und ein Tempolimit von 40 km/h auf den Autobahnen sind keine Seltenheit, wenn die Bora

Hochsaison hat. Sie bläst zu jeder Jahreszeit, vor allem aber im Winter. Bis zu vierzehn Tage kann das Schauspiel dauern, im Sommer hält die Bora meistens nicht länger als ein paar Stunden an. Ihre Höhepunkte erreicht die Bora fast immer zwischen 7 und 11 Uhr und zwischen 18 und 22 Uhr. Die Menschen haben mit der unkontrollierbaren Kraft zu leben gelernt, obwohl sie schon immer Schrecken und Faszination auslöste. Schon Stendhal berichtet über die Bora, vor der man „Angst haben muss, sich den Arm zu brechen".

Vergleichweise harmlos erscheinen dagegen die drei anderen Winde, die für das Triestiner Klima charakteristisch sind. Der sommerliche Mistral oder Maestrale ist eine leichte Brise aus Nordwest, die vom Meer Richtung Land weht und heiße Nächte abkühlt. Der Scirocco, ein warmer, feuchter Ost-Südostwind, wird vom Frühjahr bis zum Herbst in der Regel von schweren Wolken und heftigen Regenfällen begleitet. Im Gegensatz zur Bora ist er meist ein konstanter Wind ohne heftige Böen. Der Libeccio kommt aus dem Südwesten, Libyen klingt schon im Namen an.

Triest ist ein Ziel für alle Jahreszeiten, am angenehmsten sind freilich Frühjahr und Herbst, wenn man die Natur der Umgebung ebenso wie Museen, Kaffeehäuser und Shopping genießen kann. In den Hochsommerwochen rund um *ferragosto* (15. August), wenn die Massen zu den Stränden ziehen, sollte man es den Triestinern gleich machen und erst abends zu einem Stadtbummel aufbrechen.

Wirtschaft

An vollmundigen Versprechungen und kühnen Projekten mangelt es nicht, um den nach Genua zweitgrößten Hafen Italiens aus seinem wirtschaftlichen Tief herauszuholen. Der jüngste Plan sieht einen gigantischen Ausbau der Häfen von Triest und Monfalcone vor, mit dem deren Kapazitäten wesentlich ausgedehnt werden sollen. Mit einem integrierten und vollautomatisierten logistischen System will man den Schiffsverkehr zwischen Asien und Europa hierher verlagern und eine Alternative zum Riesenhafen von Rotterdam bieten. Ob das Milliardenprojekt in nächster Zeit realisiert werden kann, ist angesichts der allgemeinen Sparzwänge mehr als fraglich.

Derzeit beläuft sich der Warenverkehr im Triestiner Hafen auf etwa 50 Mio. Tonnen pro Jahr, davon sind 35 Mio. Tonnen Rohöl, das über die Transalpin-Pipeline nach Österreich (Schwechat), Deutschland (Ingolstadt) und Tschechien weitergeleitet wird. Der Großteil der restlichen Waren besteht aus Holz, Kohle, Mineralstoffen, Getreide und Kaffee. Das umgeschlagene Containervolumen liegt bei jährlich 250 000 (Rotterdam: mehr als 9 Mio.), für knapp 200 000 Passagiere ist Triest Ankunfts- oder Abfahrtshafen.

Größtes Problem ist nicht die Kapazität der 2,3 Mio. Quadratmeter großen Hafenanlagen mit ihren 12 Kais und nahezu 50 Anlegeplätzen, sondern die Anbindung an Straße und Schiene. Dringend erforderlich wäre ein Ausbau der längst zu einem Nadelöhr mit kilometerlangen LKW-Staus gewordenen Autobahn Triest–Venedig sowie der Schienen-Infrastruktur, ist doch die derzeitige Bahnlinie bereits mehr als 150 Jahre alt. Das 2006 mit einem „Letter of Intent“ zwischen Polen, Tschechien, der Slowakei, Österreich und Italien besiegelte Großprojekt „Baltisch-Adriatische Achse“ soll dazu beitragen, die europäischen Verkehrsströme dem Wandel der wirtschaftlichen Gegebenheiten anzupassen.

Auch als Zentrum für Handel und Dienstleistungen braucht Triest dringend verbesserte Verkehrswege zu Land. Immerhin hat Italiens größter Versicherungskonzern, die 1831 hier gegründete Assicurazioni Generali, nach wie vor ihren Hauptsitz in der Hafenstadt, von der aus die weltweiten Aktivitäten der Gruppe koordiniert und gesteuert werden.

Einen wichtigen Schritt in die Zukunft hat man bereits 1982 mit der Errichtung des „AREA Science Park" in der Karst-Hochebene zwischen Padriciano und Basovizza gewagt. Mit derzeit 88 Unternehmen, Forschungslabors und Beratungseinrichtungen – das Spektrum reicht von der Finanzwelt über Dienstleistungen, Hi-Tech, Physik, Informatik und Umwelt bis hin zu Medizin – sowie 2 600 Beschäftigten gilt die Anlage heute als einer der international renommiertesten Technologieparks (Infos unter www.area.trieste.it).

Bildung

Am Schnittpunkt der Kulturen nimmt das Thema Bildung einen großen Stellenwert ein. Die Universität Triest (Università degli Studi di Trieste) wurde 1924 gegründet und musste zunächst im Spannungsfeld der habsburgischen beziehungsweise italienischen Vorherrschaft während des Ersten und, später, während des Zweiten Weltkriegs einige stürmische Zeiten durchleben.

Begonnen hatte man mit einer juridischen und wirtschaftlichen Fakultät, bald kamen Philosophie und Philologie hinzu. Heute gibt es in Triest 12 Fakultäten und knapp 20 000 Studierende. Müßig zu erwähnen, dass sich unter den Persönlichkeiten aus dem Universitätsbereich nicht nur bekannte Wissenschafter, sondern auch renommierte Schriftsteller befinden, darunter Claudio Magris. In den seit einigen Jahren italien- und weltweit durchgeführten Universitätsrankings schneidet die Universität Triest jedenfalls stets sehr gut ab.

Von kosmopolitischem Zuschnitt ist aber auch die Internationale Schule in Triest, die 1964 gegründet wurde und ihren Sitz hoch oben im luftigen Vorort Opicina hat. Vom Kindergarten bis zur Maturaklasse wird hier von hochqualifizierten muttersprachlichen Lehrern in englischer Sprache unterrichtet, natürlich mit Italienisch als fixem Bestandteil des ambitionierten und innovativen Lehrplans.

Eine weitere Kaderschmiede befindet sich gleich in der Nähe von Triest, nämlich in Duino. Ausgewählte Schüler aus etwa 80 Nationen dürfen hier mittels Leistungsstipendium zwei Jahre lang das „United World College of the Adriatic“ besuchen, das eines von weltweit dreizehn UWCs darstellt. Die Schwerpunkte der hier gebotenen Ausbildung, die mit einem Diplom (und damit einer Universitätszugangsberechtigung) abschließt, liegen nicht nur im sprachlichen, kreativen oder auch naturwissenschaftlichen Bereich, sondern in speziellen Projekten zur Förderung der sozialen Kompetenz.

Daten und Taten

104 v. Chr.: Erste urkundliche Erwähnung der Siedlung Tergeste (= Markt) auf dem heutigen Stadthügel San Giusto durch den griechischen Geografen Artemidor von Ephesos.

46 v. Chr.: Tergeste wird eine befestigte römische Kolonialstadt und zwei Jahrzehnte später dem Römischen Reich angegliedert.

476 n. Chr.: Nach dem Untergang des Weströmischen Reiches dient die Stadt den Byzantinern als Grenzbefestigung.

568: Einfall der Langobarden in Italien, Triest wird verwüstet.

788: Die Stadt wird dem Frankenreich als ein Teil der Mark Friaul einverleibt.

948: Die Bischöfe von Triest üben fast drei Jahrhunderte lang die weltliche Hoheit über die Stadt aus.

1202: Triest muss dem mächtigen Venedig einen Treueschwur leisten.

1382: Die Stadt stellt sich unter den Schutz der Habsburger, die mehr als fünf Jahrhunderte lang mit wechselndem Erfolg deren Geschicke bestimmen sollten.

1508: Letzter einer Reihe verheerender Feldzüge Venedigs gegen Triest.

1521: Im Frieden von Worms wird die Zugehörigkeit Triests zu Österreich bestätigt.

→ nur kurze Unterbrechungen durch Venedig u. Napoleon

besonderer wirtschaftlicher Aufstieg unter Maria Theresia und Joseph II → BORGO TERESIANO e BORGO GIUSEPPE

1719: Mit der Erhebung der Stadt zum Freihafen durch Kaiser Karl VI. beginnt der Aufstieg Triests in der Donaumonarchie.

1768: Auch Karls Nachfolgerin Maria Theresia unterstützt nach ihrer Thronbesteigung den wirtschaftlichen Aufschwung durch weitere Privilegien und die Anlage eines neuen Stadtviertels („Borgo Teresiano“).

1797–1813: Drei Mal wird Triest von Truppen Napoleons besetzt.

1814: Österreich übernimmt wieder die Herrschaft über Triest, der Status als Freihafen bleibt, doch wird die Autonomie der Stadtverwaltung eingeschränkt. Erstmals machen sich nationalistische Tendenzen und ethnische Konflikte bemerkbar.

1829: Josef Ressel führt mit dem in Triest erbauten Schiff „Civetta“ die erste erfolgreiche Testfahrt mit der von ihm entwickelten Schiffsschraube durch.

1830–1840: Gründung von Versicherungen (Assicurazioni Generali), Schifffahrtsgesellschaften (Adriatischer Lloyd) und Werften (San Marco) in Triest.

1857: Die Eisenbahnlinie Wien–Triest (Südbahn über den Semmering, Graz, Marburg, Laibach) wird eröffnet.

1866: Österreich verliert nach der Lombardei auch Venedig an Italien. Triest bleibt den Habsburgern treu und wird mit dem Titel „Città Fedelissima“ (Treueste Stadt) belohnt.

besonderer Aufschwung durch den Niedergang Venedigs

1882:	Kaiser Franz Joseph entgeht in Triest während antiösterreichischer Demonstrationen nur knapp einem Bombenanschlag, der Attentäter Guglielmo Oberdan wird hingerichtet. Der Nationalitätenkonflikt spitzt sich immer mehr zu.
Um 1900:	Die wirtschaftlich blühende Stadt stellt ihren Reichtum durch zahlreiche Prachtbauten nach dem Muster der Wiener Ringstraße zur Schau.
1915–1918:	Im Zuge des Ersten Weltkriegs erklärt Italien Österreich den Krieg. Die schwersten Kämpfe finden am unteren Isonzo statt. Am 28. Oktober 1918 bricht die österreichische Front an der Piave zusammen.
1919:	Im Frieden von Saint Germain gelangt das Küstenland mit Istrien und Triest zu Italien.
1922:	Nach der Machtübernahme durch die Faschisten Mussolinis kommt es zu einer brutalen Italianisierung von Triest und dem vorwiegend slowenischen Umland.
1924:	Gründung der Universität
1938:	Mussolini verkündet auf der Piazza dell'Unità d'Italia die italienischen Rassengesetze.
1940:	Italien tritt an der Seite Deutschlands in den Zweiten Weltkrieg ein und besetzt das dalmatinische Küstenland.
1943:	Nach dem Zusammenbruch des Faschismus wird Triest von deutschen Truppen besetzt. Der SS-Führer Odilo Globocnik, ein gebürtiger Triestiner, lässt in der Risiera di San Sabba das einzige Nazi-KZ auf italienischem Boden errichten.

1945:	Ende des Zweiten Weltkriegs. Triest wird von jugoslawischen Partisanentruppen besetzt, nach 40 Tagen auf Druck der Alliierten wieder geräumt. Ehe anglo-amerikanische Streitkräfte eintreffen, werden ungezählte Menschen, Italiener wie Slowenen, Opfer von Massakern.
1947:	Im Pariser Friedensvertrag wird Triest zum „Freien Territorium" erklärt, mit der Zone A, der Stadt und ihrer nächsten Umgebung, unter britisch-amerikanischer und der Zone B (Hinterland von Triest und der Nordwesten Istriens) unter jugoslawischer Militärhoheit.
1954:	Im Abkommen von London wird die Zone A endgültig Italien, die Zone B Jugoslawien zugeschlagen, Triest somit Grenzstadt am Eisernen Vorhang.
1963:	Schaffung der autonomen Region Friaul-Julisch Venetien mit Triest als Hauptstadt.
2004:	Mit dem EU-Beitritt und der drei Jahre später erfolgten Unterzeichnung des Schengen-Abkommens durch Slowenien verliert Triest seine jahrzehntelange Randposition und wird zur Grenzstadt ohne Grenzen.
2011:	Roberto Casolini vom Partito Democratico löst im Bürgermeisteramt Roberto Dipiazza von der Berlusconi-Partei ab, deren auf Rom konzentrierte Politik Triest – nicht zuletzt im Konkurrenzkampf mit den nahen Häfen von Koper (Slowenien) und Rijeka (Kroatien) – um wichtige wirtschaftliche Wachstumschancen brachte.

Literatur und Literaten

Es kann nicht nur das magische Kreativzentrum Kaffeehaus gewesen sein, weshalb sich Triest in seiner kurzen Glanzzeit zu einer der literarischen Hauptstädte Mitteleuropas entwickelte. Die Multinationalität dieser Stadt, die kulturelle Strömungen aus allen Himmelsrichtungen aufsaugte, schuf ein geistiges Klima, in dem etwa in den letzten drei Jahrzehnten des 19. Jahrhunderts nicht weniger als 560 Zeitungen und Zeitschriften in verschiedenen Sprachen gedeihen konnten.

Anhand lebensgroßer Statuen von Nino Spagnoli kann man in Triest auf den Spuren der berühmtesten Dichter und Schriftsteller wandeln, die hier geboren wurden, eine Zeit lang gelebt oder die Stadt zum Schauplatz ihrer Werke gemacht hatten. Am **Ponte Rosso** über dem Canal Grande begegnet man dem großen Iren **James Joyce** (1882–1941). In Bronze gegossen, mit einem Hut auf dem Kopf, die linke Hand lässig in der Hosentasche – in der Pose eines in Gedanken versunkenen Spaziergängers steht der Autor auf der Brücke.

An der **Piazza Ponterosso** Nr. 3 befand sich eine der insgesamt neun Triestiner Wohnungen des freiwilligen Exilanten, der zwischen 1905 und 1915 mit mehreren kurzen Unterbrechungen in Triest lebte und sich seinen kargen Lebensunterhalt als Englischlehrer an der damaligen Berlitz-School in der nahen Via San Nicolò verdienen musste. Die städtische Bibliothek und die Universität Triest zeichnen verantwortlich für das **Museo James Joyce** (Via Madonna del Mare 13, 2. Stock, Mo–Sa 9–13, Do auch 15–19 Uhr, Eintritt frei, www.museojoycetrieste.it, Bus Linie 30), ein Studien- und Dokumentationszentrum, das auch „Itinerari Joyciani", Spaziergänge zu den von Joyce bevorzugten Plätzen und Lokalen der Stadt, veranstaltet.

Nachdem er in Triest zunächst Gedichte und Kurzgeschichten verfasst hatte, begann der Schriftsteller noch mit den ersten Skizzen seines weltbe-

...la mia anima è a Trieste...
JAMES JOYCE
1882 - 1941

rühmten, zum Kult gewordenen Romans „Ulysses", ehe er im Ersten Weltkrieg als „feindlicher Ausländer" das Land verlassen musste. Auch wenn er mit diesem monumentalen Werk seiner Geburtsstadt Dublin ein grandioses literarisches Denkmal gesetzt hat, so vermeinen namhafte Literaturwissenschafter in vielen Merkmalen des Textes Triest zu erkennen.

Joyce, der gerne und in großen Mengen dem Alkohol zusprach, ließ sich nicht nur von der Atmosphäre in den Kaffeehäusern, Kneipen und Bordellen der Adria-Stadt inspirieren, es heißt auch, dass er in seinem Englischschüler und Freund Italo Svevo das Vorbild für den Protagonisten des Romans, Leopold Bloom, gefunden habe.

Dem Bronze-Standbild von **Italo Svevo** (1861–1928), der einer deutsch-jüdisch-italienischen Familie entstammte und eigentlich Ettore Schmitz hieß, begegnet man auf der schattigen **Piazza Hortis**: einen Hut in der linken, ein Buch in der rechten Hand, die Miene eher skeptisch. Die Figuren seiner Romane sind keine stolzen Helden, sondern dem Leben kaum gewachsene Grübler, wenn nicht gar Versager. Svevo, längst als großer Erneuerer des italienischen Romans anerkannt, hatte als eingeheirateter Besitzer einer Lackfabrik im Gegensatz zu Joyce, der ständig unter Geldnot litt, keine materiellen Sorgen. Er war jedoch über die Erfolglosigkeit seiner ersten Romane „Una Vita" („Ein Leben", 1892) und „Senilità" („Ein Mann wird älter", 1898) so frustriert, dass er sich ernsthaft überlegte, seine schriftstellerische Tätigkeit aufzugeben. Ohne seinen Englischlehrer Joyce, der ihn zum Weiterschreiben ermutigte, hätte er wohl sein Meisterwerk „La coscienza di Zeno" („Zeno Cosini", veröffentlicht 1923) niemals geschaffen. Der Ire war es auch, der die Romane seines Schülers nach dem Ersten Weltkrieg international bekannt machte.

Schauplatz von Svevos Werken ist in erster Linie Triest. Dies wird im **Museo Sveviano** (Via Madonna del Mare 13, 2. Stock neben Joyce-Museum, Mo–Sa 9–13, Do auch 15–19 Uhr, Eintritt frei, www.museosveviano.it, Bus Linie 30) anschaulich dokumentiert.

In Zusammenarbeit mit dem Teatro La Contrada werden im Sommer auf der Piazza Hortis Serate Sveviane, Svevo gewidmete Szenenfolgen gezeigt.

In der **Via San Nicolò** steht die Bronzefigur des Dichters **Umberto Saba** (1883–1957): In einem langen Mantel, auf einen Stock gestützt schreitet er, der Kaffeehäuser und Kneipen mied, zu seinem Tempel, der **Libreria Antiquaria Umberto Saba** (Via San Nicolò 30, Di–So 9–12.30, 16–19.30 Uhr, Mo geschl.). Hier vergrub er sich in einem Hinterzimmer und feilte an seinen Gedichten wie dem Zyklus der „Canzoniere", in denen Triest in all seiner Widersprüchlichkeit besungen wird. Sein Geburtshaus im ehemaligen Ghetto wurde 1937 zerstört, er selbst musste wegen seiner mütterlicherseits jüdischen Abstammung 1943 seine Heimatstadt für drei Jahre verlassen. Im Antiquariat wacht Mario Cerne, dessen Vater Carletto ein halbes Jahrhundert mit dem dichtenden Buchhändler zusammengearbeitet hatte, über kostbare alte Bücher in verschiedenen Sprachen, eine wahre Fundgrube für alle, die Gedrucktes zwischen Buchdeckeln zu schätzen wissen.

Ein typisches Kind der Stadt mit slowenischem Vater und italienischer Mutter war der Journalist und Schriftsteller **Scipio Slataper** (1888–1915), der sich für die Anbindung von Triest an Italien einsetzte. Seine einzige Buchveröffentlichung, das autobiografische Werk „Il mio Carso" („Mein Karst"), trägt die Jahreszahl 1912. Auch wenn er sich langweilte, wie er schrieb, mochte er die Stadt auf ihre Weise: „Mir gefällt das Treiben, der Lärm, das Sich-zu-schaffen-machen, die Arbeit. Niemand verliert Zeit, denn alle müssen schnell an irgendeinen Ort gelangen und sind besorgt." Drei Jahre später ereilte ihn ein Triestiner Schicksal, er fiel in der Vierten Isonzoschlacht bei Görz.

Zu den bekanntesten Triestiner Autoren unserer Zeit, der auch deutschsprachigen Lesern ein Begriff ist, gehört der Essayist, Romancier und Germanistik-Professor **Claudio Magris** (geb. 1939), der sich in seinen Werken vielfach mit den Problemen des Zusammenlebens und Zusammenwirkens verschiedener Kulturen, also im Grunde jenen seiner Heimatstadt, beschäftigt. Die Bandbreite der Themen des 2009 mit dem Friedenspreis des Deutschen Buchhandels ausgezeichneten Schriftstellers reicht aber von einem literaturwissenschaftlichen Werk über den habsburgischen Mythos über eine Biografie der Donau bis zu einer kritischen Würdigung der Triestiner Literatur.

Seit den 1990er-Jahren lebt der deutsche Schriftsteller **Veit Heinichen** (geb. 1957) in Triest, Schauplatz seiner bisher mehr als ein halbes Dutzend spannenden Kriminalromane rund um Commissario Proteo Laurenti. Den ausgewiesenen Gourmet Heinichen, dessen Krimis in sieben Sprachen übersetzt wurden, unter ihnen Italienisch und Slowenisch, kann man, wenn man Glück hat, in einem der Kaffeehäuser – siehe nachfolgendes Kapitel , in einer der urigen Buschenschänken im Karst, einer Osmiza, oder auf einem Weingut beim Verkosten antreffen. Am allerehesten jedoch im **Ristorante Scabar** (Erta di Sant'Anna 63, Tel. 040 810 368, www.scabar.it, Mo Ruhetag, Bus Linie 34 ab Largo Barriera Vecchia bis Endstation), für das er in seinen Romanen unverhohlen Werbung betreibt. Aus gutem Grund: Denn die Spitzengastronomin Ami Scabar ist nicht nur seine Lebensgefährtin, mit der gemeinsam er das schöne kulturgeschichtlich-kulinarische Reisebuch „Triest – Stadt der Winde" verfasst hat. Hoch über der Stadt mit Traumaussicht genießt man auch exquisite Fisch- und Fleischgerichte.

Caffè, Kunst und Krimi

So wie die Literatur und die Literaten in Triest einen besonderen Stellenwert aufweisen, so ist auch das Image der Stadt als „Kaffeemetropole" verfestigt. Wie sehr diese beiden Tatsachen miteinander verknüpft sind und einander bedingen, sei dahingestellt. Erwiesen ist nur, dass die ungezählten Kaffeehäuser der Stadt das „Wohn- und Arbeitszimmer" vieler Literaten waren und sind. Italo Svevo, James Joyce, Rainer Maria Rilke, Umberto Saba, Hermann Bahr und noch viele andere, sie alle besuchten gerne die Konditoreien und Cafés, besonders das San Marco. Milchige Lichtströme fließen durch die hohen Fenster, die Sessel sind abgewetzt, über den Köpfen feixende Masken und Stuck. Jegliche Modernisierungswut ging am San Marco vorüber, seitdem es 1914 eröffnet wurde. Auf der Karte stehen neben den üblichen Kaffeefixpunkten auch *caffè viennese* und *strudel di mele*, Apfelstrudel. Der berühmte Schriftsteller Claudio Magris ist hier Stammgast. Er liebt den „liberalen Pluralismus" der Besucher und verfasst an seinem Stammtisch Essays und Romane. „Das San Marco ist eine Arche Noah, die für alle Platz hat, ohne Vorrang und ohne Ausschluss", schreibt er. Das bunte Publikum beschreibt er in seinem Werk „Die Welt en gros und en détail": „Alte Kapitäne von Überseedampfern, Studenten, die sich aufs Examen vorbereiten und amouröse Taktiken austüfteln, Schachspieler, unempfänglich gegen alles, was um sie herum geschieht, deutsche Touristen, neugierig gemacht durch die kleinen und großen literarischen Berühmtheiten, die ehemals diese Tische frequentierten, schweigsame Zeitungsleser, angeheiterte Gruppen, die sich dem bayerischen Bier oder dem Verduzzo hingeben, mürrische alte Leute, die über die Niedertracht der mo-

dernen Zeiten schimpfen, siebengescheite Demonstranten, unverstandene Genies, ein paar alberne Yuppies, Korken, die wie Ehrensalven knallen, vor allem, wenn der Dr. Bradaschia – vom Gericht wegen Hochstapelei (darunter auch das unberechtigte Führen eines Doktortitels) entmündigt – den, der in seiner Nähe sitzt oder an ihm vorbeigeht, unbeirrt zum Trinken einlädt und dabei den Kellner in einem Ton, der keine Widerrede zuläßt, auffordert, es ihm auf die Rechnung zu setzen."

Jüngstes Beispiel eines Kaffeehausliteraten ist Krimistar Veit Heinichen. Mit seinem Commissario verbindet den Deutschen einiges. Gerechtigkeitssinn, beide sind Zugewanderte, lieben die Vielfalt der Weine und Küche, natürlich trinken auch beide gerne Kaffee. Nicht immer in den gleichen Cafés – „je nach Laune und Laufweg". Das San Marco meidet er eher. „Ein Schriftsteller pro Café ist genug." Der Deutsche betreibt Recherche für seine Romane in anderen Cafés, am liebsten in der Gran Malabar, Kompetenzzentrum für eine verwirrende Fülle an Weinschätzen, über die sogar die New York Times berichtet.

Das Verbrechen ist seine Welt. Veit Heinichen legt seine Finger in die gesellschaftlichen Wunden unserer Zeit. Bestechung, Menschenschmuggel, historische Spannungen, Organhandel, Industriespionage, illegale Mülltransporte, Grundstücksspekulationen, verbotene Hundekämpfe, Drogenhandel, Wirtschaftskrise – sehr globale Themen, die Veit Heinichen und seine Bücher antreiben. In seinem neuesten Werk „Keine Frage des Geschmacks", richtet er den Blick auf Korruption, Manipulation und Ausbeutung. „Diese Art von Roman ist Spiegel eines Raumes und einer Epoche. Das kann kein Sachbuch und keine Reportage in dieser Klarheit leisten", sagt er. Obwohl es mit Kriminalität in Triest nicht weit her ist. Kaum eine gestohlene Handtasche wird gemeldet, mit Morden kann die Hafenstadt noch viel weniger dienen. „Triest hatte eine andere Funktion, war riesengroße Geldwaschanlage für die internationalen Geheimdienste, als die Welt noch in zwei Blöcke geteilt war. Wir haben neun Stasi-Agenten hier gehabt. Das ist irre, das weiß kein Triestiner." Genauso fein verlaufen die Linien des Verbrechens auch heute. „Die Balkanmafia vereint sich mit der italienischen, deutschen und österreichischen in Triest, einem Kreuzungspunkt, der direkt nach Klagenfurt führt", diktierte er bereits vor sechs Jahren in das Aufnahmegerät. Wie recht er schon damals hatte, wir sehen es heute alle.

Triest ist nicht nur eine Guckkastenbühne in Heinichens Fantasie, sondern Protagonist mit seiner eigenen Biografie. Realität und Fiktion verschmelzen. Mit fast enzyklopädischem Wissen und viel lokaler Atmosphäre werden die Leichen in Heinichens Romanen fast schon wieder lebendig. Die beschriebenen Orte gibt es wirklich, genauso wie die Wirte oder Galeriebesitzer. „Warum sollte ich sie umbenennen, Insider würden sie ja doch erkennen." Das ist auch eine der Qualitäten von Heinichens Literatur. Die Fakten stimmen. Man lernt die Stadt von innen kennen, vom Polizeihauptquartier bis zu den Restaurants. „Ich habe eine Verantwortung gegenüber dem Leser, er muss sich auf die Inhalte verlassen können." Auch Proteo Laurenti verkehrt in den gleichen Osterien und Bars. „Wenn ich hereinkomme, geht er allerdings gerade hinaus."

Nahliegend, dass auch in Heinichens „Keine Frage des Geschmacks" – wie im echten Triest – Bohnen eine wichtige Rolle spielen. Im Zentrum stehen die braunen Bohnen, aber auch blaue Bohnen schwirren durch die Luft, wenn es verbrecherischen Elementen darum geht, sich den größten Teil des Kuchens auf dem Kaffeemarkt zu sichern. Kaffee trägt laut Heinichen, wie andere Rohstoffe auch, immer eine Sozialgeschichte in sich. „Wir westlichen Staaten rühmen uns zwar des Demokratieexports, gleichzeitig stützen wir Tyrannen aus ökonomischen Gründen." Wie sehr demokratisches Engagement und Wirtschaft zusammenhängen, zeige Ex-Jugoslawien. „Der Balkankrieg hat den Westen nie interessiert. Der Grund ist klar, es gab dort kein Rohöl." In die Handlung verwoben wird viel Wissenswertes über den Kaffee. So erfährt der Leser nebenbei über den teuersten Kaffee, den von Schleichkatzen fermentierten Kopi Luwak, aber auch über die Hundert verschiedenen Arten, einen anständigen Kaffee in den Bars zuzubereiten. Commissario Proteo Laurenti kennt sie alle, er ist genauso leidenschaftlicher Kaffeegenießer wie sein Schöpfer. „Das Schöne an den Bars und Cafés ist ja, dass sie hierarchiefrei sind, sowohl, was das Alter und die Schichte betrifft. Alle werden gleich behandelt."

alle Bereiche der Kaffeeproduktion in Triest:
vom Rohimporteur über den Röster bis zu Kaffeelabors

HAUSBRANDT und ILLY

Die Kaffeemetropole Italiens

Triest darf sich konkurrenzlos als Italiens Kaffeehauptstadt bezeichnen, die Zahlen sprechen für sich. Rund 25 Prozent des italienischen Rohkaffees werden hier umgeschlagen, Friauls Hauptstadt liegt damit gleichauf mit Savona, dahinter Genua mit 11 Prozent. Friauls Hauptstadt ist aber nicht nur Handelsplatz. „Triest hat als einzige italienische Stadt alle Bereiche der Kaffeeproduktion, vom Rohimporteur über den Röster bis zu den Kaffeelabors. Das zeigt die Bedeutung der Stadt", sagt Vincenzo Sandalj, Inhaber von Triests größtem Kaffee-Veredelungsbetrieb. Auch beim Kaffeekonsum ist Triest klar numero uno. Zehn Kilo oder 1 500 Tassen Espresso pro Person und Jahr werden hier geschlürft, doppelt so viel wie im italienischen Schnitt. Die Weltmeister sind zwar die Finnen mit 11,8 kg Kaffee – vielleicht, weil die nordischen Kommissare die regenverhangene Tristesse ständig mit Kaffee hinunterspülen. Was die Kaffeekultur betrifft, leben die Nordlichter aber Lichtjahre entfernt von der italienischen. Triest ist außerdem Sitz des größten Kaffeeverbandes der Nation und die Heimat von Illycaffè.

1.500 Espresso / Triestiner im Jahr

Konsumiert wird das Getränk natürlich immer auch zu Hause, vorwiegend aber zu jeder Tages- und Nachtzeit in den unzähligen Kaffeehäusern und Bars, die man in Triest an allen Ecken und Enden findet. Die Rohware läuft im Containerterminal Molo VII im Hafen von Triest ein, über dem oft eine verführerische Kaffee-Duftwolke schwebt. Jährlich werden bis zu 2,5 Mio. Säcke zu je 60 Kilogramm Kaffeebohnen aus Brasilien, Vietnam, Indien, Kolumbien, Indonesien und anderen Ländern importiert und zu einem nicht geringen Teil gleich verarbeitet.

Mit dem Kaffee ist ein ganzer Wirtschaftszweig verbunden. Bevor die Bohnen zu den Röstern gehen, werden sie von den Logistikunternehmen im Molo VII gesäubert, sortiert und getestet. Händisch wird die Qualität überprüft, mit einem speziellen Gerät sticht man in die Säcke, um die Feuchtigkeit zu messen. „Maximal 13 Prozent dürfen die Bohnen haben", erklärt Importeur Bruno Pregara. Manche Betriebe lagern ihre Ware in 30 Meter hohen Silos. Der Kaffee kann so schneller bereitgestellt werden, um auf den

illy espresso
Tobias Rehberger

Süditalien → Robustabohne
Norditalien → Arabicabohne

Handel zu reagieren. In einem anderen Sektor arbeitet die Firma Sandalj. Der Kaffee-Veredler importiert Bohnen aus über 40 Ländern und kreiert daraus in seinem Labor am Triestiner Canal Grande wie ein Parfümeur die besten Mischungen für 800 Kunden in 53 Ländern. Das Labor ist überraschend schmucklos, nur die Konzentration auf den Geschmack zählt. 30 000 Tassen testen Bohnenversteher Vincenzo Sandalj und sein Team pro Jahr, bis sie für jeden Kunden exklusive Mischungen gefunden haben. Was Sandalj vom sündteuren „Kopi Luwak" hält? „Nichts."

Die Suche nach dem perfekten Kaffee ist mühsam, erst die Mischung aus bis zu sieben Sorten ergibt ein rundes Geschmacksbild. Bei der Verkostung wird Luft mit eingesogen, um den Geschmack intensiver zu spüren. Wie bei einer Weinverkostung stehen Spucknäpfe bereit, probiert wird aus schmalen Tassen. „Darin konzentriert sich das Aroma besser als in breiten." Die regionalen Trinkgewohnheiten spielen bei der Kreation einer Mischung eine große Rolle. „In Süditalien wird fast nur Espresso aus der Robusta-Bohne mit dunkler Röstung und mehr Crema als Flüssigkeit getrunken", erklärt der Kaffee-Doyen. Und der typische Triestiner Kaffee? „Reine Arabica-Mischung, mehr als 50 Prozent aus Brasilien, nicht zu viel Säure und Aromen von Mandeln, Nüssen und Schokolade." Wie viele Varianten der Zubereitung es in Triest gibt, ist ungewiss. Veit Heinichen versuchte sie zu zählen, bei 5 184 hat er aufgehört.

Der Beginn des Aufstiegs zur Kaffee-Hauptstadt reicht bis ins 18. Jahrhundert zurück, als Kaiser Karl VI. 1719 Triest zum Freihafen erklärte, von dem aus bald nahezu sämtliche Kaffeehäuser der Monarchie beliefert wurden. Gegen Ende des 19. Jahrhunderts entstanden auch die ersten größeren Röstereien, die ihren Kunden individuelle Mischungen anboten, um der Ware – je nach Vorliebe – eine persönliche Note zu verleihen und Qualität wie Preis über eine längere Zeit konstant zu halten.

Zwei der bekanntesten Triestiner Kaffee-Marken wurzeln noch in der Donaumonarchie. 1892 ließ sich der Kapitän der k. u. k. Marine Hermann **Hausbrandt** in der Hafenstadt nieder, um sich dem Kaffee-Handwerk und dessen Weiterentwicklung zu widmen. Die im Laufe der Jahrzehnte erreichte hohe Qualität hat die Edelmarke Hausbrandt bis heute gehalten.

Zum weltweiten Synonym für italienischen Spitzenkaffee wurde Illy. „Dabei kommt unser Name aus Ungarn“, sagt der heutige Firmenchef Andrea Illy, „die Familiengeschichte ist so multikulturell wie Triest selbst.“ Großvater Francesco Illy, der den Betrieb 1933 gründete, war Ungar, seine Mutter Schwäbin, seine Frau Österreicherin. „Meine Mutter ist die erste Italienerin in der Familie“, sagt Andrea. Francesco erfand mit luftdichten Blechdosen, deren Sauerstoff im Inneren durch Stickstoff ersetzt wird, ein einfaches, aber höchst wirksames Verfahren, um Kaffee länger frisch zu halten. Sein Sohn Ernesto Illy legte als promovierter Chemiker den Grundstein für die wissenschaftliche Erforschung des Kaffees und seines Aromas. Seit 2003 ist mit dem Brüderpaar Andrea und Riccardo Illy die dritte Generation am Ruder. Riccardo machte als Bürgermeister von Triest und als Regionspräsident von Friaul-Julisch Venetien auch in der Politik Karriere.

In den Labors von **Illycaffè** werden pro Jahr an die 1 300 Kaffeeproben chemisch analysiert, als Rohware degustiert, dann geröstet, in verschiedenen Maschinen zubereitet und schließlich verkostet, wobei nur 20 Prozent davon die Qualitätstests bestehen. Erst nach diesem Prozedere können die Kaffeebohnen in den jeweiligen Lieferländern bestellt werden. Doch damit nicht genug: da die bis zu 1 500 verschiedenen Aromen von Kaffee immer gleich gut schmecken sollen, durchläuft die angelieferte Ware weitere 110 Kontrollen. Der Erfolg spricht jedenfalls für sich – heute werden von Triest aus 140 Länder auf allen Kontinenten mit Illy-Kaffee versorgt.

Ein guter Espresso hat 7 Gramm Kaffee, das sind 50 Bohnen. „Ist da nur eine schadhafte dabei, spürt man das“, erklärt Veit Heinichen. Illy verarbeitet nur Arabica-Sorten. „Sie sind besser im Geschmack und haben nur die Hälfte des Koffeins von Robusta-Sorten“, ist Seniorchefin Anna Illy überzeugt. Die grünen Bohnen werden getrocknet und schonend geröstet, nur mit 220 Grad und schön langsam.

Um den Ruf von Illy als Produzent absoluter Spitzenprodukte zu festigen, werden auch international Kaffee-Kurse veranstaltet, die sich natürlich in erster Linie an Mitarbeiter in der Gastronomie wenden. Dabei kann man u. a. das Diplom eines „Maestro dell’Espresso“ erwerben.

Viele weitere Röstereien tragen mit hervorragendem Kaffee zum Ruf Triests als Kaffeemetropole bei: Amigos, Planet Coffee, Excelsior, Guatemala. Die meisten beliefern Großkunden, sind für Normalverbraucher daher nicht zugänglich.

Wer ein Stück Triest mit nach Hause nehmen will, wird dennoch fündig. Man geht auf der Piazza Cavana einfach der Nase nach und lässt sich vom Kaffeeduft in die **Torrefazione La Triestina** in der Via Cavana 2 im Zentrum locken. Die kleinste Rösterei der Stadt produziert maximal 1 000 Kilogramm Kaffee pro Monat, dessen unvergleichliches Aroma seit der Gründung des Unternehmens 1948 unverändert geblieben ist. Verkosten kann man sieben Kaffeesorten und elf Zubereitungsarten. Auch **Cremcaffè** an der Piazza Goldoni ist ein Paradies für Kaffee-Liebhaber, die Traditionsrösterei eröffnete vor einigen Jahren neu: in Form einer Kaffee-Degustationsbar. Lässig gestaltet mit Teak-Holz und bunten Vitrinen, in denen sich Kuchen, Kekse und köstliche Brote präsentieren. Im **Café Torinese** und in der **Konditorei Eppinger** in der Via Dante 2/b gibt es ebenfalls hausgerösteten Kaffee. Die klassischen Kaffeehäuser werden im Einzelnen bei den nachfolgenden Spaziergängen

angeführt. Ehe man aber ahnungslos einfach *caffè* bestellt, sollte man wissen, dass Triest auf diesem Gebiet ein bisschen anders tickt als der Rest von Italien. So ist zum Beispiel ein Cappuccino in der Adria-Stadt ein Kaffee mit Milchschaum, serviert in einer kleinen Tasse, anderswo bekannt als Macchiato. Dieser wiederum wird in Triest *capo* genannt. Wer jedoch einen „echten“ italienischen Cappuccino trinken möchte, muss einen *caffelatte* ordern – und wem dann der Gusto eigentlich nach genau diesem steht, einen Latte macchiato.

Hier nun eine kleine Auswahl an Triestiner Kaffee-Fachausdrücken:

• ***nero***:	einfacher Espresso in der Tasse, stark, aromatisch und mit Schaumhäubchen
• ***nero in bi***:	Espresso im Glas
• ***deca***:	koffeinfreier Kaffee in der Tasse
• ***deca in bi***:	koffeinfreier Kaffee im Glas
• ***capo***:	Espresso in der Tasse mit einem kleinen Schuss Milch
• ***capo in bi***:	Espresso im Glas mit einem kleinen Schuss Milch
• ***capo deca***:	koffeinfreier Kaffee in der Tasse mit einem Schuss Milch
• ***capo deca in bi***:	koffeinfreier Kaffee im Glas mit einem Schuss Milch
• ***goccia***:	Kaffee mit einem Milchschaum-Klecks in der Mitte

Diese Liste ließe sich mit allen möglichen Variationen noch lange fortführen. Einen schlichten Kaffee? Gibt's nicht mehr.

Delikat essen: Von überall das Beste

Mit seinen starken österreichischen, ungarischen, slawischen, griechischen und jüdischen Einflüssen hat Triest eine Variante der italienischen Küche kultiviert, wie man sie in ihrer Vielfalt in keinem anderen Teil des Landes findet. Wiener Schnitzel (*Costoletta Viennese*), saftiges ungarisches Gulasch (*Gulyas*) oder böhmische Blutwurst (*Sanguinaccio alla Boema*) sind hier keine Konzession an Touristen, sondern selbstverständlicher Teil der altösterreichischen Tradition. Ebenso wie der Liptauer, ein würziger Käse, der an der Adria nicht aus Brimsen, sondern aus Ricotta und Butter, zerkleinerten Sardellen, Zwiebel, Paprika, Senf, Petersilie, Kapern und Salz gemischt wird. Auch Kartoffeln und Kartoffelsalat als Beilage werden gerne gereicht. Oder gar Knödel, für den Durchschnittsitaliener abseits der Region so etwas wie eine gefährliche Drohung.

Dabei kommt die traditionelle italienische Küche keineswegs zu kurz. Risotto, Pasta, Pizza & Co. gehören ebenso zum Alltag wie Fischgerichte, wie man sie seit alters her an den Gestaden der Adria zwischen Venedig und Istrien zubereitet. *Acciughe* (Sardellen) zum Beispiel werden paniert, frittiert, mariniert oder in einer pikanten Sauce serviert. *Branzino* (Wolfsbarsch), *dentice* (Zahnbrasse), *orata* (Goldbrasse), *sarda* (Sardine), *sgombro* (Ma-

Pepi

krele), *sogliola* (Seezunge), *tonno* (Thunfisch) und *triglia* (Meerbarbe) gehören zu den beliebtesten Fischen, die freilich zum überwiegenden Teil gezüchtet werden und nur mehr selten aus dem Meer vor der Haustüre stammen. *Calamari* (Kalmare) und *seppie* (Tintenfische) – sie findet man noch einigermaßen ausreichend in der Adria – kommen in Sauce gekocht, gegrillt, frittiert oder mit einer schmackhaften Füllung auf den Teller. *Cozze* (Miesmuscheln) wachsen in heimischen Zuchtbecken heran, während *gamberi* (Garnelen) und *scampi* meist aus fernöstlichen Beständen tiefgefroren angeliefert und gegrillt oder geschmort und *alla busara*, in einer Sauce aus Weißwein, Zwiebel und Knoblauch, geschälten Tomaten und etwas Semmelbröseln, genossen werden.

Bei den deftigen Fleischgerichten spielt das Schwein die absolute Hauptrolle. Als kulinarische Bühne dient dafür die Buffet genannte Imbiss-Stube, wie man sie in Triest in allen Ausprägungen – von schick bis schlicht – antrifft. Das authentischeste Lokal dieser Art ist **Da Pepi** (Via Cassa di Risparmio 3, So Ruhetag), das auf eine mehr als 100-jährige Tradition zurückblicken kann. Hier schmaust man frisch gesottene Fleischstücke mit *senape* (Senf) und *cren* (Kren). Die Auswahl kann sich sehen lassen. Sie reicht von *porcina* (gekochte Schweineschulter mit richtigem Fettanteil, aber hauchzart geschnitten) über *testina* (Kopffleisch), *muso* (Schnauze), *orecchie* (Ohren), *zampone* (Schweinsfuß) und *cotechino* (Kochwurst) bis zu *pancetta* (Selchbauch) und ein Selchkarree, das man hier unter dem bekannt klingenden Namen Kaiserfleisch kennt. Es gibt aber auch *Vienna* (Frankfurter Würstchen), *lingua* (Rindszunge) und *cragno* (Krainer Würste). Als Beilagen kann man zwischen Sauerkraut mit Kümmel oder verschiedenen Saucen wählen. Dazu trinkt man Wein, Prosecco oder Bier vom Fass.

Andere Buffets interpretieren den Begriff „Hausmannskost" etwas großzügiger und bieten auch Fisch und Meeresfrüchte an, auf jeden Fall aber Schinken roh oder gekocht, kalt oder warm. Besonders beliebt sind der milde, über Kirsch- und Lorbeerholz geräucherte Prosciutto di Cormòns und der Karstschinken Pršut, dazu als Salat der köstliche *radicchio canarino*. Alle diese Gerichte werden meist als *rebechin* verspeist, als Imbiss zwischendurch, den man zu jeder Tageszeit einnehmen kann.

Wer Triest über den Gaumen kennenlernen will, darf auf keinen Fall die *jota* versäumen, eine rustikale Suppe aus Sauerkraut, Bohnen, Kartoffeln und geselchtem Schweinefleisch. Man kocht auch Gersten-, Mais- oder Gulaschsuppen sowie Rindsuppe mit Semmelknödel oder Grießnockerl als Einlage.

In den Restaurants und Wirtshäusern des Karst dominieren Fleisch und Geflügelgerichte vom Grill nach Balkan-Art wie Cevapcici oder Koteletts, ob vom Schwein oder vom Lamm. Man bekommt aber ebenso saftige Rinderfilets und Strudel mit Spinat, Käse und anderen Füllungen. Und natürlich Schnitzel vom Kalb oder Schwein.

Als Desserts findet man köstlichen Käse wie den *Jamar*, der in den Karst-Grotten reift und dann geräuchert wird, den herzhaften *Montasio*, den schmackhaften *Asìno* oder den mit Bohnenkraut oder wildem Fenchel aromatisierten *Caciotta*.

Schier unerschöpflich scheint das Angebot an Süßspeisen: *strucoli* (Strudel) sind mit jeder Art von Obst (Äpfel, Birnen, Kirschen, Zwetschken, Marillen) sowie mit Topfen oder Mohn gefüllt, die *palacinche* (Palatschinken) wiederum mit Marmelade oder mit gehackten Nüssen und Schlagobers. Die größte Auswahl an Torten, Kuchen, Strudel und feinen Cremes gibt es natürlich in den Kaffeehäusern und Konditoreien, doch auch die Restaurantköche wetteifern in der Herstellung süßer Verführungen. Dass Sacher- und Dobos-Torte, die eine erfunden in Wien, die andere in Budapest, in Triest Heimatrecht genießen, wundert nicht, ebenso wie *presnitz* und *putizza*, ein spiralförmiger Blätterteig- bzw. ein Hefekuchen ungarischen bzw. slawischen Ursprungs, beide gefüllt mit Honig, Nüssen, Rosinen, Rum und Schokolade. Auch die guten alten Cremeschnitten – mit oder ohne Schokolade – findet man als *rigojanci* in den Vitrinen der Zuckerbäcker.

Nicht nur zum Karneval gibt es süße Spezialiäten wie *crostoli* (kurze, in Schmalz herausgebackene Teigstreifen) und Krapfen mit Marmelade- oder Creme-Füllung. Zum Osterschinken wird die *pinza* gereicht, ein dreieckiges Hefegebäck mit Eiern und Zucker, zum Allerseelentag kommen die *fave dei morti* (Totenbohnen) auf den Tisch, ein kleines, bohnenähnliches Mandelgebäck.

Charaktervoller Wein vom Karst

Nur wenige Autominuten vom Zentrum taucht man in die versteckte Traumlandschaft des Karsts ein. Die Terrano-Weinstraße zwischen Triest und Kostanjevica ist eine unberührte Schönheit. Man findet uralte Steindörfer, urige Karstgasthäuser und genießt würzigen Terrano – geschmackvoller Ausdruck der Karst-Seele.

Erst in den vergangenen Jahrzehnten ist die karge Hochebene des Triestiner Karstgebietes zu einer anspruchsvollen Weinregion herangereift. Bis dahin wurde Wein nur gekeltert, um direkt vom Fass in den vielen Buschenschänken, den populären Osmize, einige Wochen im Jahr konsumiert zu werden. Als Quantität vor Qualität ging, wurden 1 500 Hektar Rebfläche bewirtschaftet. Heute sind es nur mehr 450 Hektar, verteilt auf kleine Weingärten zwischen Kalkstein und roter Erde, die mühsam wieder aufgebracht werden muss, wenn die Bora sie verweht hat.

Das Gesicht des Karsts ist wild zerfurcht von Schluchten und Rissen, ein Land von spröder Schönheit. Und es ist eine Landschaft faszinierender Gegensätze – Genüsse, aber auch Leiden treffen hier grenzüberschreitend in Italien und Slowenien aufeinander. Wenn die Bora wütet, wird das Land zur

Hölle. Hecken und Steinmauern stemmen sich grimmig dagegen, aber die Bora ist nicht zu zähmen. Zum Himmel wird der Karst, wenn die Sonne die tiefrote Erde zum Glühen bringt – Terra Rossa. Meistens sind die Bedingungen aber unwirtlich, gerade deshalb sind die Trauben so ausdrucksvoll wie sensible Musiker. „Dort, wo die Weinstöcke leiden", philosophiert Spitzenwinzer Edi Kante, „werden sie exzellent."

Wir folgen den Spuren dieser faszinierenden Schönen auf der Terrano-Weinstraße. Vom hektischen Triest hinauf in den stillen Karst. Über Sgonico und Prepotto geht es weiter nach Slowenien über Dutovlje, Komen, Kostanjevica und viele andere alte Dörfer wie aus einer anderen Zeit. Wir stehen mit Sandi Škerk auf seinem Weingut in Prepotto und schauen hinunter nach Grado. Wenn die Karstweine die salzige Luft einatmen, werden sie am besten, sagt man. Um den Trauben die urtümliche Kraft dieser Erde einzuhauchen ist aber harte Arbeit nötig. Die Weingärten sind verstreut und steinig. Will man dem Karst neues Weinland abtrotzen, muss man für jeden Hektar neues Land 1 000 LKW-Fuhren Erde aus anderen Karstteilen herbringen, sonst ist die Erdschicht zu dünn.

Die lokalen Winzer, die auf naturnahe Arbeit mit enormem handwerklichen Aufwand setzen, konnten sich mit den autochthonen Rebsorten Vitovska, Malvasia und Terrano einen Spitzenrang im internationalen Weingeschäft sichern. Es sind höchst individuelle, charaktervolle Weine, die in den tiefen, weit verzweigten Felskellern des Karst reifen.

In eher geringen Mengen werden die üblichen Reben wie Sauvignon Blanc oder Chardonnay verarbeitet, der überwiegende Teil des Weißweins setzt sich aus drei Sorten zusammen: Aus der Vitovska-Traube, die der Bora ebenso wie sommerlicher Trockenheit widersteht und somit eine typische Karst-Pflanze ist, wird ein leichter, strohgelber und nach Wiese und Heu duftender Wein mit einem Alkoholgehalt bis 12,5 % gekeltert. Er wird gerne als Aperitif, zu Antipasti und leichten Fischgerichten serviert. Die Malvasia ist eine Rebe griechischen Ursprungs, die seit Jahrhunderten im Karst angebaut wird. Der trocken ausgebaute, süffige Wein hat eine strohgelbe, grünlich schimmernde Farbe, einen fruchtigen Duft und passt nicht nur zu Fisch, sondern auch zu hellem Fleisch. Die Glera-Traube, vor langer Zeit aus dem

Dorf Prosecco bei Triest nach Valdobbiadene im Veneto exportiert, wo sie unter dem Namen ihres Ursprungsortes als Schaumwein Weltkarriere machte, ist neuerdings auch im Karst wieder entdeckt worden. Der trockene Wein mit frischem Geschmack – aber ohne Kohlensäure – erreicht einen Alkoholgehalt von 13 %.

Rotwein wird bis auf wenige Ausnahmen in nur einer Sorte angebaut. Dem Terrano aus Trauben der Sorte Refosco d'Istria verleiht die eisenhaltige rote Erde eine besonders eigenwillige Note. Er hat wenig Alkohol (maximal 12,5 %), eine intensive, rubinrote Farbe und einen feinen Duft, der an Waldbeeren erinnert. Sein hoher Säurehalt ist zwar gut für die Verdauung, kann aber Gaumen und Magen auch einigermaßen strapazieren. Der Terrano wird zu Wild und deftigen Fleischgerichten und in den Osmize vor allem zum Karst-Schinken gereicht.

Gleich vier Spitzenwinzer gibt es in dem verwinkelten 150-Seelen-Dorf Prepotto: Sandi Škerk, Edi Kante, Danilo Lupinc und Benjamino Zidarich. Ihre Weine lassen sie in der Unterwelt reifen, in Felskellern, so tief und gewaltig wie kleine Kathedralen.

Karstig essen kann man am besten in einem der urtümlichen Gasthäuser oder in einer der Osmize. Magische Orte sind das, wie der Agristurismo Milic in Sgonico (Zagradec 2, Tel. 040 22 93 83, www.agriturismomilic.it). Würzigen Karstschinken bekommt man dort, weiche Salami mit Fenchel, hauchzarten Beinschinken mit Kren, erdiges Gulasch und strohgelbe fruchtige Vitovska. Verführerisch auch Cevapcici und Polenta, der auf dem schwarz geräucherten Grill röstet. Noch uriger ist die Osmica pri Skrkovih (Gradnje 9). In diesem Schlaraffenland mit rot-weiß karierten Tischtüchern und Vorhängen genießt man duftenden Štruklji mit Nuss- oder Topfenfülle und gebratenen Schweinsnacken mit sämigem Kraut, am Wochenende wird mit slowenischer Livemusik richtig ausgelassen gefeiert.

Auch zwischen Sežana und Kostanjevica keltern slowenische Winzer wie Branko Cotar, Boris Lisjak, Marko Fon oder Joško Renčel würzigen Teran. Aber nur wenn man Glück hat, trifft man die Winzer. Um Öffnungszeiten kümmert man sich da wie drüben kaum, das ist gelassene Lebensart. So gelassen wie diese malerischen Dörfer Dutovlje, Štanjel, Komen, Tomaj, Sveta oder Hruševica. Die Namen über den Geschäften stehen hier noch in uralten Lettern und die knorrigen Bäume sind vor den teils bröckeligen Hausfronten wie ein Kunstobjekt platziert. Lebendige Vergangenheit in Stein. Und der ist hier wichtig. Er hat Seele für die Karstbewohner, über Steine sprechen sie ehrfurchtsvoll – wie über Frauen oder Brüder.

Info zur Orientierung: Die gut ausgeschilderte **Strada del vino Terrano** (Terrano-Weinstraße) über den Karst zwischen Sistiana und Opicina und im slowenischen Teil bis nach Kostanjevica führt durch die wichtigsten Weinorte (mit städtischen Bussen der Linien 42, 44 und 46 zu erreichen), in denen Osmize zum gemütlichen Genießen und namhafte Winzer zum Verkosten und zum Kauf der Weine einladen. Übrigens konnte hier auch der „G'spritzte" (Weinschorle) unter dem Namen *Spritz triestino* als erfrischender Sommertrunk heimisch werden. Sein Geschmack wird durch eine Zitronenscheibe erhöht.

Die führenden Winzer der Karst-Region sind:

Edi Kante
(Duino-Aurisina, Loc. Prepotto 3/A, Tel. 040 200 255, kante.edi@libero.it):
Gilt als Pionier, der schon in den neunziger Jahren die Karst-Weine, vor allem Chardonnay und Sauvignon, aber auch Vitovska und Malvasia international bekannt machte.

Matej Lupinc
(Duino-Aurisina, Loc. Prepotto 11/b, Tel. 040 200 848, www.lupinc.it):
Hier kann man sich nach allzu ausgiebiger Verkostung im Keller oder in der Osmiza gleich in den gepflegten Gästezimmern zur Ruhe begeben.

Sandi Škerk
(Duino-Aurisina, Loc. Prepotto 20, Tel. 040 200 156, www.skerk.com):
Kleiner Familienbetrieb mit charaktervollen Weißweinen.

Benjamino Zidarich
(Duino-Aurisina, Loc. Prepotto 23, Tel. 040 201 223, www.zidarich.it):
Der Tüftler in dem genialen Winzerquartett aus Prepotto vergärt seine Weine zwecks Verstärkung des Mineralgehaltes in einem eigens angefertigten Steinfass.

Matej Skerlj
(Sgonico, Loc. Sales 44, Tel. 040 229 253, www.agriturismoskerlj.com):
In seinen Weinen, die man auch in einer gemütlichen Osmiza verkosten kann, findet man alle Geschmacksnoten des Karsts.

Dino Sturman
(Ricmanje San Giuseppe della Chiusa 142, Tel. 348 587 20 62, www.dinosturman.com):
Neuer Jungstar. Tipps: Vitovska, Vitovska Nobile (Sekt aus Vitovska).

Die Brüder Vodopivec
(Sgonico, Loc. Colludrozza 4, Tel. 040 229 181, www.vodopivec.it):
Der Vitovska-Spezialist, der den Wein im großen Holzfass („Classico") oder in Tonamphoren („Anfora") reifen lässt.

Auch ein Trip über die Grenze nach Slowenien zahlt sich aus.

Die wichtigsten Winzer sind:

Boris Lisjak
(Dutovlje 31, Tel. +386 5 764 00 63):
Berühmt für Kraski Teran in eleganten Flaschen. Tipp: Osti Jarej.

Joško Renčel
(Dutovlje 24, Tel. +386 5 764 00 12):
Gilt als slowenischer „König des Teran".

Rado Ravbar
(Dutovlje, Voglje 15, Tel. +386 5 734 61 82):
Gute Terrano-Weine und Pršuts.

Branko und Vasja Čotar
(Komen, Gorjansko 18, Tel. +386 5 766 8228, www.cotar.si):
Bioweinerzeuger. Tipp: Die Cuvée Terra Rossa, 55 Monate im Holz.

Marko Fon
(Komen, Brje pri Gorjansko 3a, Tel. +386 5 766 87 83):
Aufstrebend, auch feine Pršuts.

Für Weinkauf oder -verkostungen sind bei allen genannten Winzern Voranmeldungen unbedingt notwendig.

Auch zur Winterszeit ...

Triest ist aber nicht nur in der warmen Jahreszeit attraktiv, nein, auch in den Wintermonaten ist die Stadt einen Besuch wert. Die Durchschnittstemperatur liegt im Dezember bei 10° C, es gibt allerdings Tage, an denen es bei Windstille und Sonnenschein deutlich über 15° C haben kann. Abgesehen von den doch meist milderen Temperaturen im Vergleich zu den Gebieten nördlich der Karawanken und der Karnischen Alpen gibt es einen weiteren Vorteil: Man begegnet hier im Winter kaum einem Touristen, freie Zimmer gibt es zur Genüge.

Wenn man etwa aus dem tiefwinterlichen Österreich zu einem Wochenend-Abstecher in die Küstenstadt kommt, sollte man also nicht unbedingt seine wärmste Winterkleidung einpacken, damit man beim Flanieren nicht gleich ins Schwitzen kommt. An wetterbedingt „normalen", windstillen Tagen sieht man die Einwohner am Vormittag gemütlich an den Stehtischchen vor den Cafés und Bars einen Aperitif genießen. Auch die längst aus den Lokalen verbannten Raucher müssen nicht, wie weiter nördlich, ihrer Lust in Eiseskälte frönen.

Viele Triestiner zieht es an den Adventtagen zum Canale Grande, wo alljährlich ein Weihnachtsmarkt abgehalten wird. An den zahlreichen Ständen befindet wird alles Mögliche feilgeboten, von Weihnachtsschmuck

und Kunstgegenständen über wohlriechende Düfte und lebende Christbäume bis hin zu Winterbekleidung. Anziehend sind natürlich auch die kulinarischen Köstlichkeiten – beginnend bei verschiedensten Wurst- und Käsewaren sowie Spezialitäten des Meeres bis zu verführerischen Süßspeisen findet man auf dem *Mercatino di Natale* alles, wonach einem gelüstet.

Nach dem Besuch des Weihnachtsmarktes darf sich der winterliche Kurzurlauber auf ein wunderbares Mittagessen in einem der bekannten Restaurants freuen. Auch hier bietet die so genannte kalte Jahreszeit einen entscheidenden Vorteil: Man findet viel leichter einen freien Platz, das Personal nimmt sich Zeit, alles geht ruhiger und gemütlicher zu – wie es sich für die Weihnachtszeit eben gehört.

PIAZZA VITTORIO VENETO
PIAZZA OBERDAN
VIA MILANO
VIA DEL LAVATOIO
VIA CARDUCCI
VIA TRENTO
VIA VALDIRIVO
VIA TORREBIANCA
VIA ROMA
VIA FILZI
VIA FABIO
VIA XXX OTTOBRE
V. MERCADANTE
PALAZZO GOPCEVIC
VIA ROSSINI
CANAL GRANDE
VIA MACHIAVELLI
VIA ZONTA
PALAZZO CARCIOTTI
VIA BELLINI
VIA DELLA
RIVA TRE NOVEMBRE
VIA GENOVA
PIAZZA PONTEROSSO
PIAZZA SANT'ANTONIO
V. PAGANINI
VIA RETI
S. NICOLÒ DEI GRECI
VIA CASSA DI RISPARMIO
S. SPIRIDIONE
S. ANTONIO TAUMATURGO
V. RONCHIELLI
PIAZZA S. GIOVANNI
VIA D. TORRI
TEATRO G. VERDI
PIAZZA TOMMASEO
V. CANAL PICCOLO
CAMERA DI COMMERCIO
VIA MAZZINI
VIA S. SPIRIDIONE
VIA ALIGHIERI
VIA LAZZARO
VIA IMBRIANI
VIA SAN NICOLÒ
PIAZZA VERDI
VIA SAN CARLO
GALLERIA TERGESTEO
PIAZZA DELLA BORSA
CORSO ITALIA
PIAZZA DELLA REPUBBLICA
VIA DANTE
VIA SANTA CATERINA
VIA SAN
CIVICO MUSEO MORPURGO
VIA MAZZINI
CAPO DI PIAZZA G. BARTOLI
VIA DELLE BECCHERIE
VIA DEL PANE
QUESTURA
LARGO RIBORGO
MUNICIPIO
VIA MALCANTON
PIAZZA VECCHIA
VIA TOR BANDENA
PIAZZA PICCOLA
LARGO GRANATIERI
VIA DEI RETTORI
PASSO COSTANZI
TEATRO ROMANO
VIA DEGLI ARTISTI
PIAZZA BENCO
VIA DEL MONTE
SCALA DEI GIGANTI
V. S. PELLICO
VIA DEL TEATRO ROMANO
P.TTA S. CHIARA
VIA PICCOLA FORNACE
VIA DONOTA
VIA DI CABORO
VIA DEL COLLEGIO
VIA DEL CROCIFISSO
TOR CUCHERNA
PARCO DELLA RIMEMBRANZA
SAN SILVESTRO
SANTA MARIA MAGGIORE
VIA DELLE SCUOLE
VIA ROTA
VIA CAPITOLINA
ARCO DI RICCARDO
PIAZZA BARBACAN
VIA RAGAZZI DEL '99
COLLE DI SAN GIUSTO
SC. BUFFA
VIA SAVERIO
VIA DELLE MONACHE
VIA SANDRINELLI
VIA DEL CASTELLO
SAN GIUSTO
ARMERIA
CASTELLO DI S. GIUSTO
PIAZZA DELLA CATTEDRALE
CATTEDRALE DI SAN GIUSTO
LAPIDARIO
VIA DELLA CATTEDRALE
PIAZZA V. D. VALLE
DELLA VALLE
ORTO LAPIDARIO CIVICI MUSEI DI STORIA ED ARTE
S. MICHELE AL CARNALE
VIA GUERRAZZI
VIA FORNACE
VIA SAN MICHELE
VIA SAN GIUSTO
VIA RISORTA
VIA DEL CACINOTTI
PIAZZA SANSOVINO
VIA DELLA GALLERIA
VIA BRAMANTE
PIAZZA VICO
SCALA J. JOYCE
LARGO CANAL
VIA TIEPOLO
VIA MONTECUCCO
VIA SAN GIACOMO IN
VIA CAPPELLO
VIA SAN VITO
VIA DE FIN
VIA BAZZONI

San Giusto und Altstadt

Überblick ist alles. Um sich ein Bild von Lage und Ausdehnung der Stadt zu verschaffen, sollte sich der Triest-Neuling schnurstracks auf den Hügel San Giusto begeben (Linie 24 ab Bahnhofsplatz oder Piazza Unità). Am höchsten Punkt mit großartiger Aussicht, wo es schon in vorgeschichtlicher Zeit einen befestigten Bereich gab, befindet sich das **Castello di San Giusto.** Den Kern des mächtigen Baus bildet die Casa del Capitano, die 1471 auf Anordnung Kaiser Friedrich III. für den Statthalter errichtet wurde. Während der kurzen venezianischen Herrschaft über Triest (1509) entstand der Rundturm Bastion Veneto. Die Bastion Lalio, benannt nach dem Architekten Domenico Lalio (auch dell'Allio), dem die Grazer den prachtvollen Renaissancebau des Landhauses verdanken, folgte 1561, aber erst im nächsten Jahrhundert wurde das Kastell mit dem Bau der Bastion Pomis (1630) vollendet. Nach kurzer Zeit stellte sich freilich heraus, dass die Burg der weiter entwickelten Waffentechnik nicht mehr entsprach und für Verteidigungszwecke ungeeignet war. Sie diente daher als Kaserne und Gefängnis. Heute kann man im Atrium der Burg Wappen mittelalterlicher Adelsfamilien und in der Lalio-Bastion ein Lapidarium mit schönen römischen Skulpturen besichtigen. Im Stadtmuseum in der Casa del Capitano gibt es eine Reihe von Triest-Ansichten und eine Waffensammlung (Castello, Piazza della Cattedrale 3, Nov.–März tgl. 9–17, Apr.–Okt. 9–19 Uhr). Zu Füßen des Kastells erstrecken sich neben einem Denkmal für die Gefallenen des Ersten Weltkriegs die Ruinen einer römischen Basilika aus der Mitte des 1. Jh. n. Chr.

Cattedrale San Giusto: Das Triestiner Wahrzeichen, dem Stadt-Schutzheiligen Justus geweiht, entstand im 14. Jh. aus zwei Kirchen aus dem 9. und 11. Jh., die durch ein neues Mittelschiff vereint wurden. Die Fassade schmückt eine gotische Fensterrose aus weißem Stein. Im Inneren der nunmehr fünfschiffigen Kathedrale zieht ein riesiger schmiedeeiserner Leuchter, den Kaiser-Bruder Maximilian der Kirche spendete, ehe er in sein tödliches Mexiko-Abenteuer startete, die Aufmerksamkeit auf sich. Mosaiken aus dem 12.–13. Jh. finden sich in den Seitenapsiden, in denen die Hauptaltäre der früheren Kirchen standen: links Maria auf dem Thron mit den Erzengeln Gabriel und Michael, darunter die Apostel, rechts Christus, flankiert von den Heiligen Justus und Servolus. Von dem Venezianer Guido Cadorin stammen die 1932 geschaffenen Mosaiken in der Apsis des Mittelschiffs. Auf der linken Seite des Gotteshauses sieht man hinter einem Gitter die spärlichen Reste des Kathedralen-Schatzes, der in den 1980er-Jahren zum Großteil geraubt wurde: ein Kreuz aus Holz und Gold (13. Jh.) und die so genannte Hellebarde des hl. Sergius, um die sich allerlei Legenden ranken. Spätgotische Fresken sind in der Taufkapelle San Giovanni zu bewundern, die man durch eine Tür im linken Seitenschiff betritt (Cattedrale San Giusto, Mo–Fr 7.30–12, 14.30–18.30, Sa bis 19.30, So 8–13, 15.30–20 Uhr).

Neben der Kathedrale steht die kleine gotische **Chiesa San Michele al Carnale**, die als Leichenkapelle für den anschließenden, terrassenförmig angelegten Friedhof diente, bis dieser um 1830 aufgelassen wurde. Hier befindet sich jetzt der Steingarten mit Säulen, Skulpturen und Steintafeln aus der Römerzeit sowie der Kenotaph Winckelmanns. Der berühmte deutsche Archäologe war 1768 auf der Durchreise von Wien nach Rom in Triest ermordet, sein Leichnam in einem Massengrab beigesetzt worden. 70 Jahre später wurde das neoklassizistische Tempelchen zur Erinnerung an den Gelehrten von dem Canova-Schüler Antonio Bosa errichtet. Der Steingarten gehört zum Komplex des Städtischen **Museums für Geschichte und Kunst**, das mit vorwiegend antiken Kunstschätzen aus den der Stadt vermachten Sammlungen wohlhabender Triestiner Familien reich bestückt ist (Civico Museo di Storia e Arte e Orto Lapidario, Via della Cattedrale 15, tgl. außer Mo 9–13, Mi bis 19 Uhr).

Über die Via della Cattedrale spaziert man in ein dicht verbautes, zum Teil bereits liebevoll revitalisiertes Viertel hinab, in dem mit dem mehr als 7 Meter hohen **Arco di Riccardo** (Richardsbogen, Via del Trionfo), einem der Tore zur römischen Stadt, ein hervorragend erhaltenes Zeugnis aus der Antike zu sehen ist. Eine Seite des Bogens wurde in das Wohnhaus daneben integriert. An der Piazza Barbacan überrascht mit der **Rotonda Pancera** ein origineller neoklassizistischer Palast (1832/33), der durch ein abgerundetes Eck mit ionischen Säulen und den Statuen von Minerva und Mars einen tempelhaften Charakter erhält.

Zurück in Richtung Römisches Theater erreicht man zwei interessante Kirchen: Eine der schönsten Barockfassaden der Stadt und eine üppige Innenausstattung zeichnet die **Chiesa Santa Maria Maggiore** (Via del Collegio 6, tgl. 8–12, 16–19 Uhr) aus. Der von den Jesuiten Mitte des 17. Jh. errichtete Barockbau erfuhr allerdings bis ins 19. Jh. hinein zahlreiche Umgestaltungen. Daneben steht die romanische **Chiesa San Silvestro** (Piazza S. Silvestro, Mo–Fr 9.30–12.30, Sa 10–12 Uhr), das älteste Gotteshaus von Triest, erbaut Anfang des 11. Jh. unter Verwendung eines Teils der römischen Stadtmauern. Unter Joseph II. säkularisiert, wurde die Kirche Ende des 19. Jh. von den Waldensern erworben.

Eine Treppe führt nun weiter hinunter zur Via del Teatro Romano, entstanden durch den Abriss des unteren Teils der Altstadt in der Mussolini-Ära. Ein wertvoller Althausbestand mit pittoresken Gässchen, die zum Triestiner **Ghetto** gehörten, musste in den 1930er–Jahren faschistischen Protzbauten wie der heutigen Questura (Polizeipräsidium) weichen. Die Bauwut wurde gestoppt, als glücklicherweise das Geld ausging. So blieben zumindest einige wenige Straßenzüge des alten Ghettos mit seinen schönen Antiquitätenläden zwischen der Piazza della Borsa und der Via del Teatro Romano erhalten.

Das **Teatro Romano** (Römisches Theater) am Fuße des San Giusto-Hügels wurde erst im Zuge der faschistischen Bauarbeiten in seiner heutigen Form freigelegt und teilweise rekonstruiert, hatte doch der „Duce" den Wahn, Glanz und Gloria des Alten Rom im 20. Jh. wiedererstehen zu lassen. Hinter der Arena, die 6 000 Besuchern Platz bot, befindet sich in den Räumen der mittelalterlichen Stadtmauer das Antiquarium (Via Donata, nur Do 10–12) mit einer Ausstellung von Fundstücken der Ausgrabungen in diesem Bereich der Stadt.

Die Via degli Artisti mündet in die Via del Monte, einst eine der schönsten Straßen im Ghetto. Welche Bedeutung die jüdische Bevölkerung von Triest hatte und welche Rolle der Hafen für die jüdischen Auswanderer nach Palästina spielte (Israel verlieh der Stadt den Titel „Tor Zions"), wird im **Museum der jüdischen Gemeinde** „Carlo und Verena Wagner" dokumentiert (Museo della Comunità Ebraica, Via del Monte 5/7, www.triestebraica.it, Di 16–19, Do 10–13, So 17–20 Uhr).

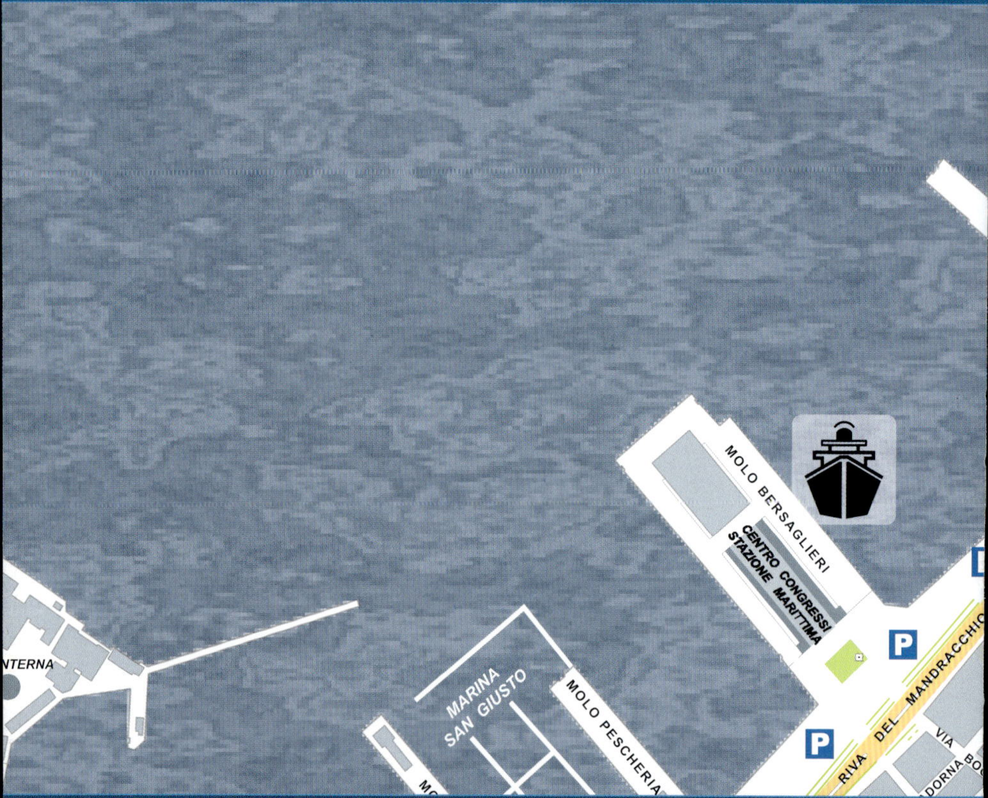
MOLO BERSAGLIERI
CENTRO CONGRESSI
STAZIONE MARITTIMA
MARINA
SAN GIUSTO
MOLO PESCHERIA
P
P
RIVA DEL
VIA

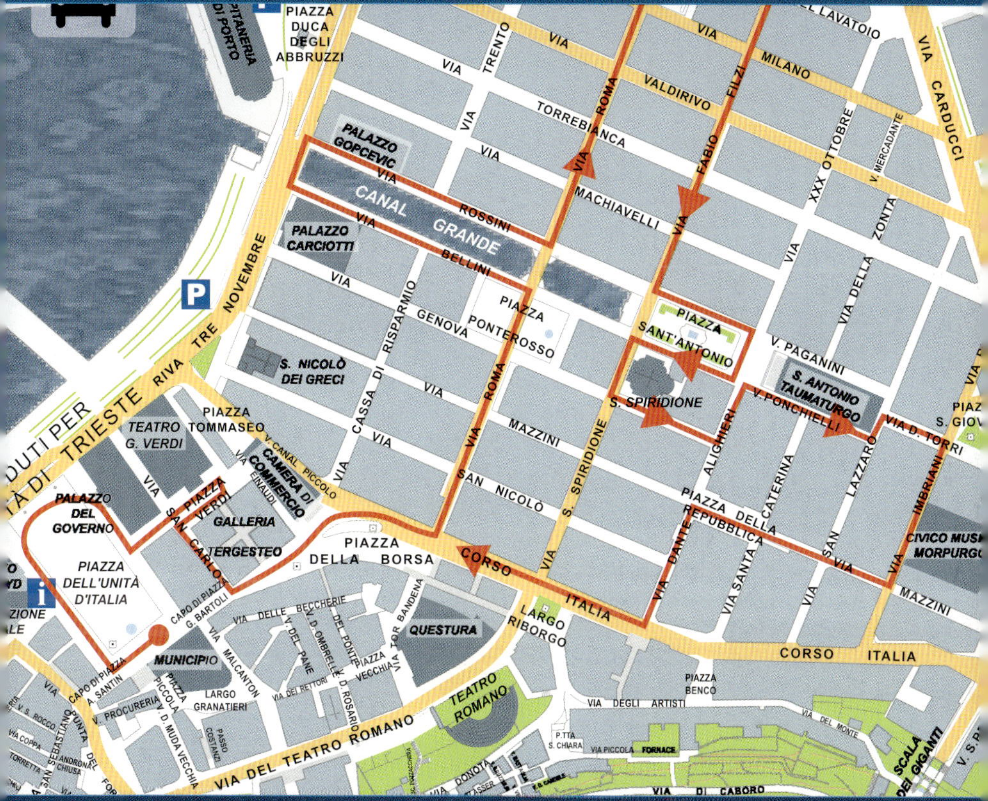

Borgo Teresiano

Die Theresien-Vorstadt (Borgo Teresiano) zwischen der heutigen Piazza dell'Unità d'Italia (früher Piazza Grande) und dem Hauptbahnhof wurde Mitte des 18. Jh. auf Anordnung Maria Theresias von Österreich im Zuge der Stadterweiterung auf trockengelegten Salinen errichtet. Zentrum des schachbrettartig angelegten Viertels nördlich der Altstadt, an dem mehr als 100 Jahre lang gearbeitet wurde, ist der Canal Grande. Der rechtwinkelig vom Meeresufer abzweigende und alles andere als große Kanal ist gerade einmal drei Häuserblocks lang und der Rest eines ehrgeizigen Projektes, das zahlreiche Kanäle für Triest vorsah. Wir beginnen unseren Rundgang an der

Piazza dell'Unità d'Italia. Das Herz der Stadt ist einer der schönsten und größten Plätze der Welt, an drei Seiten umgeben von repräsentativen Bauten und an einer Seite zum Meer hin offen. Um 1870 erhielt die Piazza Unità, wie sie jedermann nennt, ihr heutiges Gesicht. Mit freiem Blick zur Adria nimmt das **Rathaus** (Palazzo Comunale) die gesamte hintere Seite des Platzes ein. Giuseppe Bruni zeichnet als Architekt für das historisierende Stilgemisch dieses mächtigen Baus verantwortlich, aus dessen Mitte ein Glockenturm mit Uhr herausragt.

Der **Brunnen der vier Kontinente** (Fontana dei Quattro Continenti) vor dem Rathaus bildete 1751 das Endstück der Theresianischen Wasserleitung. Am Brunnenbecken sieht man die Allegorien der vier damals bekannten Kontinente, Ziele und Träume der Handelsherren von Triest. Mit der linken Hand zeigt die **Statue Kaiser Karls VI.** (Statua di Carlo VI) an einer Ecke des Platzes auf den Hafen. Mit diesem Denkmal (1754) ehrte die Stadt den Schöpfer des Freihafens, der damit den Grundstein für die wirtschaftliche Entwicklung von Triest im 18. Jh. gelegt hatte.

Nach dem Rathaus reihen sich – im Uhrzeigersinn – wahre Prachtbauten aneinander: der elegante, in seinen Proportionen sehr harmonische **Palazzo Pitteri** (1790) vereint Stilelemente des Rokoko mit jenen des Neoklassizismus. Das noble Grandhotel Duchi d'Aosta nimmt den kleineren **Palazzetto Vanoli** ein. Als letztes Gebäude auf der linken Seite beeindruckt der **Palazzo del Lloyd Triestino**,1880–83 von dem Wiener Ringstraßen-Architekten Heinrich Ferstel entworfen. Der Repräsentationsbau der einst bedeutenden Schifffahrtsgesellschaft dient heute als Sitz der Regionalregierung von Friaul-Julisch Venetien.

Die Provinzverwaltung residiert im Regierungspalast (**Palazzo del Governo**), der den Abschluss der rechten Seite des Platzes zum Meer hin bildet. Er wurde 1904 für den kaiserlichen Statthalter errichtet, mit doppeltem Bogengang in der Mitte und in der Sonne funkelnden Mosaiken an seinen Fassaden. Im Auftrag des gleichnamigen Handelsherrn hatte man 1830 den **Palazzo Stratti** geplant, der nach 1870 in das Eigentum des Versicherungsunternehmens Assicurazioni Generali überging, erweitert und in wesentlichen Teilen umgebaut wurde. Im Erdgeschoss befindet sich das **Caffè degli Specchi**, dessen historische Einrichtung leider nicht mehr erhalten ist. Den ganzen Platz im Auge hat man von den vor dem Lokal aufgestellten Tischen. Zum Rathaus hin schließt sich der ebenfalls um 1870 entstandene **Palazzo Modello** an, dessen Fassade im letzten Stock von Atlanten geschmückt wird. Da die Figuren eine Hand zu einer beschwörenden Geste erheben, heißt der Bau im Volksmund Palazzo degli Scongiuri (Palast der Beschwörungen).

Beim Caffè degli Specchi verlassen wir den großen Platz und kommen zur Piazza Verdi mit dem **Teatro Giuseppe Verdi**, dem auch international geschätzten Opernhaus der Stadt. In dem 1801 eröffneten Theatergebäude mit seiner neoklassizistischen, mit Wandpfeilern und Halbsäulen unterteilten Fassade und dem vorgesetzten Bogengang gibt es Opern- und Ballettaufführungen sowie klassische Konzerte.

Den Hintergrund des Theaterplatzes bildet die **Alte Börse** (Palazzo della Borsa Vecchia), das Anfang des 19. Jh. erbaute Handels- und Finanzzentrum der Stadt. Ihre Vorderseite an der Piazza della Borsa mit der auf dorischen Säulen ruhenden Vorhalle und der dreieckigen Giebelfläche veranschaulicht den Ruf der Börse als Tempel des Geldes auch in der Architektur. Im großen Saal der Alten Börse, die heute Sitz der Triestiner Handelskammer ist, wird in einem Deckenfresko von Bernardino Bison Kaiser Karl VI. bei der Proklamation des Freihafens verherrlicht.

Ein anderer Habsburger, nämlich Kaiser Leopold I., steht als Bronzestatue in der Mitte des Börseplatzes, dessen linke Seite vom **Palazzo del Tergesteo** (1840/42) dominiert wird. Im Inneren des mächtigen, jüngst aufwändig restaurierten Gebäudes befindet sich Italiens älteste gedeckte **Einkaufsgalerie** (noch vor Mailand, Rom, Neapel) mit eleganten Geschäften und dem Caffè Tergesteo, einem beliebten Treffpunkt der Triestiner. Der **Palazzo Dreher** neben der Alten Börse weist eine harmonisch abgerundete Fassade auf. Seit 2005 ist im 2. Stock das Handelsmuseum untergebracht, das drei Jahrhunderte wirtschaftlicher Entwicklung von Triest, von der Ausrufung des Freihafens bis in unsere Tage, beleuchtet (Museo Commerciale, Eingang Via San Nicolò 7, Mo–Fr 10–13, Di, Mi auch 15–17 Uhr).

An der rechten Seite der Piazza della Borsa fällt die **Casa Bartoli** auf, ein Werk des Otto-Wagner-Schülers Max Fabiani. Den Jugendstil-Bau (1905) charakterisiert ein Blumendekor, das sich über die gesamte Fassade spannt. Die gegenüberliegende **Palazzina Romano** an der Ecke zur Via Roma ist ein schöner Stadtpalast im Stil des Rokoko (1760/70).

Stattliche Wohn- und Geschäftshäuser stehen auf der **Via Roma** und ihren vielfach als Fußgängerzonen eingerichteten Seitenstraßen, der Via San Nicolò, der Via Mazzini und der Via Genova, ehe man über die Piazza Ponterosso den Canal Grande erreicht. Während in der Via San Nicolò 30 die Antiquariats-Buchhandlung des Dichters Umberto Saba zu finden ist, über-

rascht in der Via Roma, Ecke Via Mazzini, ein weiterer architektonisch interessanter Geld-Tempel durch sein schlichtes Äußeres, zu dem ein pompöses Jugendstilportal einen reizvollen Kontrast bildet. Der Banken-Palast, 1910–12 von dem Prager Architekten Osvald Polivka, dem die tschechische Hauptstadt das Jugendstil-Juwel Obecní Dům (Gemeindehaus) verdankt, für ein böhmisches Bankhaus entworfen. Heute residiert darin die Deutsche Bank. Auf der Piazza Ponterosso, benannt nach der Brücke über den Canal Grande, trifft man rund um den **Giovanin-Brunnen** (Fontana del Giovanin, 1750) auf einen bunten **Obst- und Gemüsemarkt**, auf dem aber auch Schuhe und Textilien feilgeboten werden (Di–Sa 8–17 Uhr).

An der Ecke der am linken Ufer des Canal Grande verlaufenden Via Bellini und der Uferstraße Riva III Novembre erhebt sich der mächtige **Palazzo Carciotti**, eines der prächtigsten Beispiele des Neoklassizismus von Anfang des 19. Jh. Matteo Pertsch, der auch das Triestiner Opernhaus entworfen hatte, schmückte das Gebäude mit einer großen Kupferkuppel und einem zum Meer gewandten monumentalen Portal samt Säulen und Statuen griechischer Götter. Eine Entscheidung über die künftige Bestimmung des 100 Meter langen und 40 Meter breiten Palastes im Besitz der Stadt Triest ist noch ausständig.

Am rechten Ufer des Kanals steht der elegante **Palazzo Gopcevich** (1850) mit auffallend bunter Fassade. Ein reicher serbischer Kaufmann hatte sich den Palast erbauen lassen, in dem nun das **Städtische Theatermuseum** (Civico Museo Teatrale „Carlo Schmidl“) untergebracht ist. Den Grundstock der umfangreichen Kollektion von Musikinstrumenten, Künstlerporträts, Bühnenbild- und Kostümentwürfen, Puppen, Marionetten und Autogram-

men berühmter Komponisten sowie 90 000 Theaterprogrammen seit Ende des 18. Jh. bildete 1924 der Nachlass des Triestiner Musikverlegers Carlo Schmidl (Via Rossini 4, www.museoschmidl.it, Di–So 9–19 Uhr).

Über die Via Roma bringt uns ein kleiner Abstecher zur Piazza Vittorio Veneto am Rande des Borgo Teresiano mit dem **Palazzo delle Poste**, dem Hauptpostamt, in dem sich auch das **Mitteleuropäische Post- und Telegrafenmuseum**, eine reizvolle Zeitreise durch das Postwesen mehrerer Jahrhunderte, befindet (Museo Postale e Telegrafico della Mitteleuropa, Piazza Vittorio Veneto 1, Di und So 9–13 Uhr). In der Mitte des Platzes, der 2004 von Boris Podrecca, dem Wiener Architekten mit Triestiner Wurzeln, neu gestaltet wurde, steht ein 1899 zur Verhinderung eines Franz-Joseph-Denkmals eiligst aufgestellter **Tritonen-Brunnen** (Fontana dei Tritoni). Hinter der Hauptpost am Largo Panfili erhebt sich die neugotische **Lutherische Kirche** (1874) mit schönen Glasfenstern aus Bayern und einer von Kaiser Wilhelm I. gestifteten Glocke.

Während sich in nördlicher Richtung seit der Jahrtausendwende ein kleines Chinatown mit zahlreichen Textilläden ausgebreitet hat, kehren wir über die Via Fabio Filzi wieder zum Canal Grande zurück. Ihn schließt das

größte Gotteshaus der Stadt, die **Chiesa San Antonio Nuovo**, krönend ab, eines der Hauptwerke des Triestiner Neoklassizismus. Es wurde in der ersten Hälfte des 19. Jh. anstelle einer kleinen Kirche gleichen Namens von Pietro Nobile erbaut. Imposant ist allein schon die von ionischen Säulen getragene Vorhalle mit großer Giebelfläche, monumental auch der einschiffige Innenraum, dessen Dekorationen allerdings aufgrund finanzieller Schwierigkeiten eher schlicht ausfallen mussten. Das Fresko im Halbrund über dem Altar zeigt den Einzug Christi in Jerusalem von Sebastiano Santi (1836), wie die Schöpfer der meisten übrigen Bilder ein venezianischer Künstler (Chiesa S. Antonio Nuovo, tgl. 7–12, 16–19 Uhr).

Die Piazza San Antonio vor der Kirche ruht übrigens auf dem Anfang der 1930er-Jahre zugeschütteten letzten Abschnitt des Kanals. Seitlich an diesem Platz steht auch die **Chiesa San Spiridione** der serbisch-orthodoxen Gemeinde, errichtet 1861–68 in neobyzantinischem Stil. Vier Glockentürme, blaue Kuppeln, mit Mosaiken geschmückte Fassaden und ein reich dekorierter Innenraum mit Goldstuck bedeckter Ikonostase zeugen vom einstigen Wohlstand der serbischen Kaufleute in Triest (Chiesa San Spiridione, Di–So 9–12, 16–19, im Sommer 17–20 Uhr, Mo geschl.).

Hinter der San Antonio-Kirche führen uns die Via Ponchielli und die Via Torri zur **Piazza San Giovanni** mit einem Bronzedenkmal Giuseppe Verdis (1906). Über die rechts abzweigende Via

Imbriani gelangt man zum **Palazzo Morpurgo**, einem schönen Neorenaissancebau, den sich 1875 zwei Triestiner Bankiersfamilien erbauen ließen. In dem Gebäude, heute im Eigentum der Stadt, befindet sich das **Museum Mario Morpurgo de Nilma**, das anhand von Bildern, Möbeln und anderen Einrichtungsgegenständen Zeugnis gibt vom bürgerlichen Wohnstil des 18. und 19. Jh. (Civico Museo Mario Morpurgo de Nilma, Via Imbriani 5, Di und So 9–13 Uhr).

Über die Via Mazzini geht es zur **Piazza della Repubblica** mit einer Reihe schöner Paläste, von denen man die **Casa Smolars** (1906–07) an der Kreuzung mit der Via Dante als eines der prächtigsten Jugendstil-Gebäude von Triest nicht übersehen sollte. Über den geschäftigen Corso Italia erreicht man wieder den Ausgangspunkt.

Essen und Trinken

Elefante Bianco
(Riva III Novembre 3, Tel. 040 362 603, Mo–Sa 12–15 und 19.30–23 Uhr, So Ruhetag):
Restaurant der gehobenen Preisklasse an der Uferstraße nahe dem Opernhaus, schöne gedeckte Terrasse. Mediterrane Küche, erstklassige Antipasti und Fischgerichte.

Al Barattolo
(Piazza San Antonio Nuovo, Tel. 040 631 480, tgl. 11–15 und 17–24 Uhr):
Trattoria und Pizzeria in der Fußgängerzone mit Tischen im Freien, traditionelle Küche.

Da Giovanni
(Via San Lazzaro 14, Tel. 040 639 396, Mo–Sa mittags und abends, So Ruhetag):
Trattoria und Bufett in der Fußgängerzone im Zentrum. Neben Schweinernem gibt es auch Gulasch mit Knödel, Kutteln (*trippe*), Fisch und Pasta – und natürlich ausgezeichnete lokale Weine vom Fass.

Da Pepi
(Via Cassa di Risparmio 3, Tel. 040 366 858, Mo–Sa 8–21 Uhr):
Der Klassiker der Triestiner Bufettküche in der Nähe der Alten Börse. Die Porcina ist zart und saftig, der Kren stets frisch, das Sauerkraut mit Kümmel ein Gedicht.

Da Gildo
(Via Valdirivo 20, Tel. 040 364 554, Mo–Fr 7.30–20, Sa 8–13 Uhr):
Populäres Bufett zwischen Bahnhof und Canal Grande, hervorragendes Kesselfleisch, bester Schinken, mittags auch Pasta, Fisch und Gulasch.

Gran Bar Malabar
(Piazza San Giovanni 6, Tel. 040 636 226, Mo–Sa 7–22, So 8–13 Uhr):
Obwohl mit nur 60 Quadratmetern ein winziges Lokal (Tische auch im Freien), eine der bestsortierten Vinotheken der Stadt, mit einem Lager von

600 verschiedenen Etiketten in 60 000 Flaschen, darunter natürlich die Spitzenweine vom Karst. Zu den auch glasweise ausgeschenkten Weinen reicht man Käse und Schinken.

Caffè Tommaseo
(Piazza Tommaseo 4, Tel. 040 362 266, tgl. 8–0.30 Uhr):
Das älteste, zum Großteil noch im Original erhaltene Kaffeehaus der Stadt (1830 eröffnet). 1997 von Grund auf restauriert, dabei konnte die Atmosphäre eines Alt-Wiener Cafés bewahrt werden. Sommerterrasse in der Fußgängerzone.

Antico Caffè Torinese
(Corso Italia 2, Tel. 040 632 689, Di–So 7.30–21 Uhr, Mo Ruhetag):
Ein kleines, dafür aber umso kostbareres Jugendstil-Juwel (1915) mit viel Holztäfelung und Marmor. Nur wenige Sitzplätze, aber eine lange Theke. Triestiner Süßspeisen in höchster Vollendung! Verkauf von bestem Olivenöl und Honig vom Karst.

La Bomboniera
(Via XXX Ottobre 3, Tel. 040 632 752, Di–Sa 9–13, 17–20, So 9–14 Uhr, Mo Ruhetag):
Cafè-Konditorei mit Tradition. 1848 von der ungarisch-jüdischen Konditorenfamilie Eppinger gegründet, kann man in dem historischen Lokal noch den originalen Backofen bewundern. In den Vitrinen im Jugendstil-Ambiente liegen Kuchen und Torten nach alten k. u. k. Rezepten.

Einkaufen

Antiquitäten. **Antichità Pillon** *(Via XXX Ottobre 8)*:
Gemälde, Aquarelle und Grafiken sowie schöner Schmuck.

Bücher alt und neu. **Libreria Antiquaria Umberto Saba** *(Via San Nicolò 30)*:
Der 1957 verstorbene Triestiner Poet war der Besitzer dieses Bücherparadieses, jetzt kümmert sich der Sohn seines ehemaligen Geschäftsführers um die Anliegen der Kunden.

Delikatessen. **Antica Bottega del Gusto** *(Via delle Torri 1)*:
Traditionsreicher Delikatessenladen mit Waren von höchster Qualtät.

Historische Drogerie. **Drogheria Vittorio Toso** *(Piazza San Giovanni 6)*:
In dem 1906 gegründeten Seifen-Laden scheint die Zeit stehen geblieben zu sein.

Herrenmode. **Rigutti** *(Via Mazzini 43)*:
Seit mehr als 100 Jahren kompetenter Herrenausstatter der Triestiner Bürgerschaft.

Kaufhaus. **Coin** *(Corso Italia 16, Mo–Sa 9–20, So 10–19.30 Uhr)*:
Größtes Kaufhaus im Stadtzentrum.

Schuhe. **Rosini** *(Via Dante Alighieri, Ecke Corso Italia 4)*:
Keine Massenware, sondern ausgesuchte führende italienische Markenprodukte.

Sportbekleidung. **Trieste Sport City** *(Via San Nicolò 11)*:
Von Kopf bis Fuß alles für Fitness- und Sportaktivitäten.

Unterwäsche. **Gaggi** *(Via Roma 10)*:
Große Auswahl an hochwertiger Ware, auch Bademoden und Pyjamas.

MOLO AUDACE
MOLO BERSAGLIERI
CENTRO CONGRESSI STAZIONE MARITTIMA
MARINA SAN GIUSTO
MOLO PESCHERIA
MOLO VENEZIA
RIVA CADUTI PER L'ITALIANITÀ DI TRIESTE
RIVA TRE NOVEMBRE
RIVA DEL MANDRACCHIO
RIVA GULLI
TEATRO G. VERDI
PALAZZO DEL GOVERNO
PALAZZO DEL LLOYD
AMMINISTRAZIONE REGIONALE
PIAZZA DELL'UNITÀ D'ITALIA
MUNICIPIO
AQUARIO MARINO
SALONE DEGLI INCANTI ex- Pescheria Centrale
EX - MAGAZZINO VINI
PIAZZALE T. STRAULINO E N. RODE
MUSEO REVOLTELLA GALLERIA D'ARTE MODERNA
PIAZZA VENEZIA
PIAZZA HORTIS
VIA TORINO
MUSEO SARTORIO
CIVICO MUSEO SVEVIANO
BIBLIOTECA CIVICA A.HORTIS
JOYCE MUSEUM
MUSEO PETRARCHESCO
SAN SILVESTRO
ARCO DI RICCARDO
PIAZZA BARBACAN
VIA CADORNA
VIA DIAZ
VIA BOCCARDI
VIA F. VENEZIAN
VIA DELL'ANNUNZIATA
VIA SAN GIORGIO
VIA CAVANA
PIAZZA CAVANA
V. MERCATO VECCHIO
VIA DUCA D'AOSTA
LARGO PAPA GIOVANNI XXIII
VIA CORTI
V. LAZZARETTO VECCHIO
V. D'ARGENTO
UNIVERSITÀ "VECCHIA"
VIA UNIVERSITÀ
SALUS
VIA BONAPARTE
VILLA NECKER
VIA PRINCIPE DI MONTFORT
VIA TERZA ARMATA
VIA TIGOR
VIA SAN VITO
VIA DENZA
VIA CATRARO
SAN VITO
VIA BELLOSGUARDO
VIALE DELLE VILLE
LARGO PROMONTORIO
VIA BELPOGGIO
VIA DELLA VALLE
PIAZZA DELLA VALLE
PIAZZA CORNELIA ROMANA
VIA DEI FABBRI
VIA SANTI MARTIRI
VIA MONTANELLI
VIA DON MARZARI
VIA CIAMICIAN
VIA GIUSTINELLI
V. S. DANIELE
VIA DELLE MURA
VIA FELICE VENEZIAN
MADONNA DEL MARE
VIA CROSADA
PIAZZA PICCOLA
V. D. MUDA VECCHIA
VIA DEL PESCE

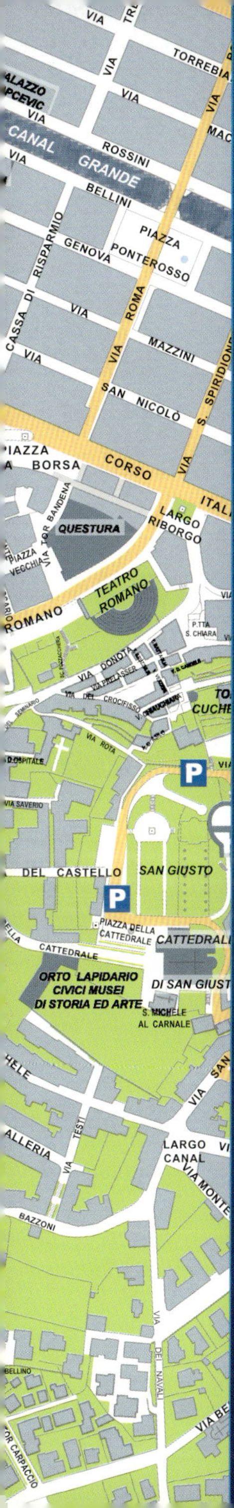

Borgo Giuseppino

Dieses Viertel ist nach Maria Theresias Sohn Kaiser Joseph II. benannt, der wie seine Mutter eine großzügige Stadterweiterung angeordnet und gefördert hat. Die Josephsvorstadt beginnt südlich der Piazza dell'Unità d'Italia und erstreckt sich in der Länge bis zum Campo Marzio am Ende der Uferpromenade und in der Breite vom Meer bis zur Piazza Attilio Hortis. Sie ist kleiner als der Borgo Teresiano und vorwiegend von öffentlichen Gebäuden und Plätzen geprägt. Hier finden sich auch die wichtigsten Museen von Triest.

Von der Piazza Unità spazieren wir durch die Via Cadorna direkt zur **Piazza Venezia**, dem Zentrum des Viertels, das von neoklassizistischen Häusern dominiert wird. In der Mitte des Platzes steht die 2008 wieder aufgestellte Statue Maximilians, die 1918 im Zuge der anti-habsburgischen „Säuberungen" in den Schlosspark von Miramare verbannt worden war.

Drei Gebäude, die Palazzi Revoltella, Brunner und Basevi, wurden zu einem umfangreichen Museumskomplex zusammengelegt, der von der Via Diaz aus zugänglich ist, das Städtische **Museum „Revoltella"** – Galerie für Moderne Kunst. Es handelt sich um eine der größten und bedeutendsten Sammlungen ihrer Art in Italien und basiert auf dem Nachlass des Triestiner Industriellen Baron Pasquale Revoltella (1795–1869). Eine gut ausgestattete Stiftung ermöglichte den Ankauf von Kunstwerken weit über den Tod des Mäzens hinaus. Die Besichtigung der auf fast 40 Säle und 6 Stockwerke verteilten Kunstwerke beginnt in den Wohnräumen Revoltellas, in denen noch ein Teil der Originaleinrichtung zusammen mit Werken aus der ersten Hälfte des 19. Jh. zu sehen ist, und führt bis zu den Neuerwerbungen aus jüngster Zeit im obersten Stock, von dem aus man einen schönen Blick auf Meer und Stadt genießen kann. (Civico Museo „Revoltella" – Galleria d'Arte Moderna, Via Diaz 27, www.museorevoltella.it, Mi–Mo 10–19, Di geschl., Linien 8 und 30 ab Hauptbahnhof, Linien 9, 10 ab Piazza Goldoni).

Über die Via del Lazzaretto Vecchio und die Via Corti gelangt man in die Via dell'Università, wo auf Nummer 2 in einem großen Garten mit der **Villa Necker** ein elegantes, von französischer Architektur beeinflusstes Gebäude aus dem ausklingenden 18. Jh. steht. Weil Sitz des Triestiner Truppenkom-

mandos, kann man nur von außen die Fassade mit ihrem halbrunden Bogengang bewundern. In der Folge kommt man zum Largo Papa Giovanni XXIII und damit zu einer weiteren Station der Triestiner Museumsmeile. Hinter einer Mauer versteckt sich das **Städtische Museum „Sartorio“** in der gleichnamigen Villa, die in der ersten Hälfte des 19. Jh. nach einem Palladio-Vorbild errichtet wurde. Das Museum hütet einen Schatz von rund 13 000 Objekten, unter ihnen die originalen Einrichtungen, 250 Zeichnungen von Tiepolo, die wechselweise ausgestellt werden, Skulpturen, Gemälde, antike Vasen, Keramiken, Majoliken und – als kostbarstes Stück – das Trittico di Santa Chiara (Triptychon der hl. Klara), eine Holztafel von 1328, die Paolo und Marco Veneziano zugeschrieben wird (Civico Museo „Sartorio“, Largo Papa Giovanni XXIII 1, Di–So 9–13 Uhr, Mo geschl., Linie 30 ab Hauptbahnhof).

Der **Palazzo Biserini** (1806) auf der Piazza Hortis wird nach seiner umfangreichen Restaurierung die derzeit in einem rund zehn Gehminuten entfernten Ausweichquartier untergebrachte Stadtbibliothek aufnehmen. Zu ihr gehören auch drei Literaturmuseen (s. auch Seite 26), das **Museo James Joyce**, das **Museo Sveviano** und das **Museo Petrarchesco Piccolomineo** (Petrarca- und Piccolomini-Museum) (Via Madonna del Mare 13, 2. Stock, Mo–Sa 9–13, Do auch 15–19 Uhr, Petrarca-Museum Besichtigung auf Anfrage, Eintritt frei, www.museojoycetrieste.it, www.museosveviano.it, www.museopetrarchesco.it, Bus Linie 30).

Palazzi aus der Zeit um 1800 säumen die geschäftige Via di Cavana, an deren Anfang rechts der **Palazzo Vicco**, Sitz des bischöflichen Ordinariats, steht. In ihm starb anno 1820 Joseph Fouché, der berüchtigte Polizeiminister Napoleons. Als sein Sarg auf dem Weg zur Kathedrale durch die Ungeschicklichkeit eines Trägers zu Boden stürzte, sich öffnete und der Leichnam herausfiel, deuteten die Menschen dies als Zeichen, dass der Gnadenlose keine Gnade im Himmel erfahren sollte.

Über die Piazza Cavana, in historischen Zeiten das vorwiegend von Matrosen frequentierte Rotlichtviertel der Stadt, erreicht man die schmale, zum Ausgangspunkt zurück führende Via San Sebastiano, wo der um 1750 erbaute **Palazzetto Leo** das interessante Museum für Orientalische Kunst beherbergt. Als Hafenstadt hatte Triest bis China und Japan reichende Beziehungen zum Orient. Dementsprechend vielfältig sind die Exponate, die von Kaufleuten und anderen Reisenden nach Europa gebracht wurden, von Stoffen und Kleidern aus bestickter Seide über Porzellan, Bilder und Skulpturen bis zu Rüstungen und Waffen (Civico Museo d'Arte Orientale, Via San Sebastiano 1, Mi und Sa 9–13 Uhr).

Essen und Trinken

Ristorante Amarina
(Via Diaz 2, Tel. 040 322 9196, Di–Sa mittags und abends, So, Mo Ruhetage): Restaurant der gehobenen Preisklasse im gleichnamigen Palais aus dem 19. Jh. Hervorragende Fischküche, große Weinauswahl.

Ai Fiori
(Piazza Hortis 7, Tel. 040 300 633, Mo–Sa 12–15, 19.30–22.30 Uhr, So Ruhetag): Vom Brot bis zur Pasta und den Nachspeisen ist hier alles hausgemacht. Exzellente Fisch- und Fleischgerichte.

Al Granzo
(Piazza Venezia 7, Tel. 040 306 788, mittags und abends, Mi Ruhetag): Klassische Triestiner Fischküche, Spezialitäten aus dem Raum der Oberen Adria.

Al Ritrovo Marittimo
(Via del Lazzaretto Vecchio 3, Tel. 040 301 377, Di–Sa 12.30–14, 19.30–22 Uhr, So, Mo Ruhetage): Gute Fischküche: Hier kann man das Meer riechen und schmecken.

Trattoria Al Collio
(Piazza Venezia 4, Tel. 040 301 260, tgl. außer Mo mittags 12–15, 19.30–23 Uhr): Gediegene lokale Küche mit Zutaten von Land und Meer.

Mascalzone Latino
(Via di Cavana 12, Tel. 040 313 332, Di–So mittags und abends, Mo Ruhetag): Neapolitanisches Restaurant und Pizzeria, hier treffen sich die Küchenwelten von Mittelmeer und Mitteleuropa.

FARMACIA

Buffet Alla Motonave
(Via Torino 33, Tel. 040 302 947, Mo–Sa 6.30–21.30 Uhr):
Ausgezeichnete kalte und warme Büfett-Küche, stets frisch zubereitet. Ideal für den Hunger zwischendurch.

Nettare Divino
(Via Diaz 6b, Tel. 040 310 200, Mo–Sa 19–2 Uhr, So Ruhetag):
Gemütliche Vinothek mit mehr als 150 Weinen zur Auswahl; dazu kleine Snacks der lokalen Küche.

Einkaufen

Antiquitäten 1. Al Giardino *(Via Diaz 15)*:
Möbel und Glas aus Böhmen und Murano.

Antiquitäten 2. Scrigno *(Piazza di Cavana 1)*:
Schmuck aus der Zeit um 1900, auch Bilder und Möbel.

Delikatessen. Salumeria Sartori *(Via di Cavana 15)*:
Lebensmittel und Wein von bester Qualität, Schinken und Würste aus der Region.

Kerzen. A Lume di Candela *(Via di Cavana 3)*:
Kerzen mit und ohne Duft sowie in allen möglichen Farben und Formen.

Schmuck. Oreficeria Crevatin *(Piazza di Cavana 7)*:
Die Designerin Francesca Crevatin wartet mit unverwechselbaren Schmuckstücken auf.

Schuhe. Dea Calzature Eleganti *(Via San Sebastiano 6)*:
Designer-Schuhe nach Maß, die freilich ihren Preis haben.

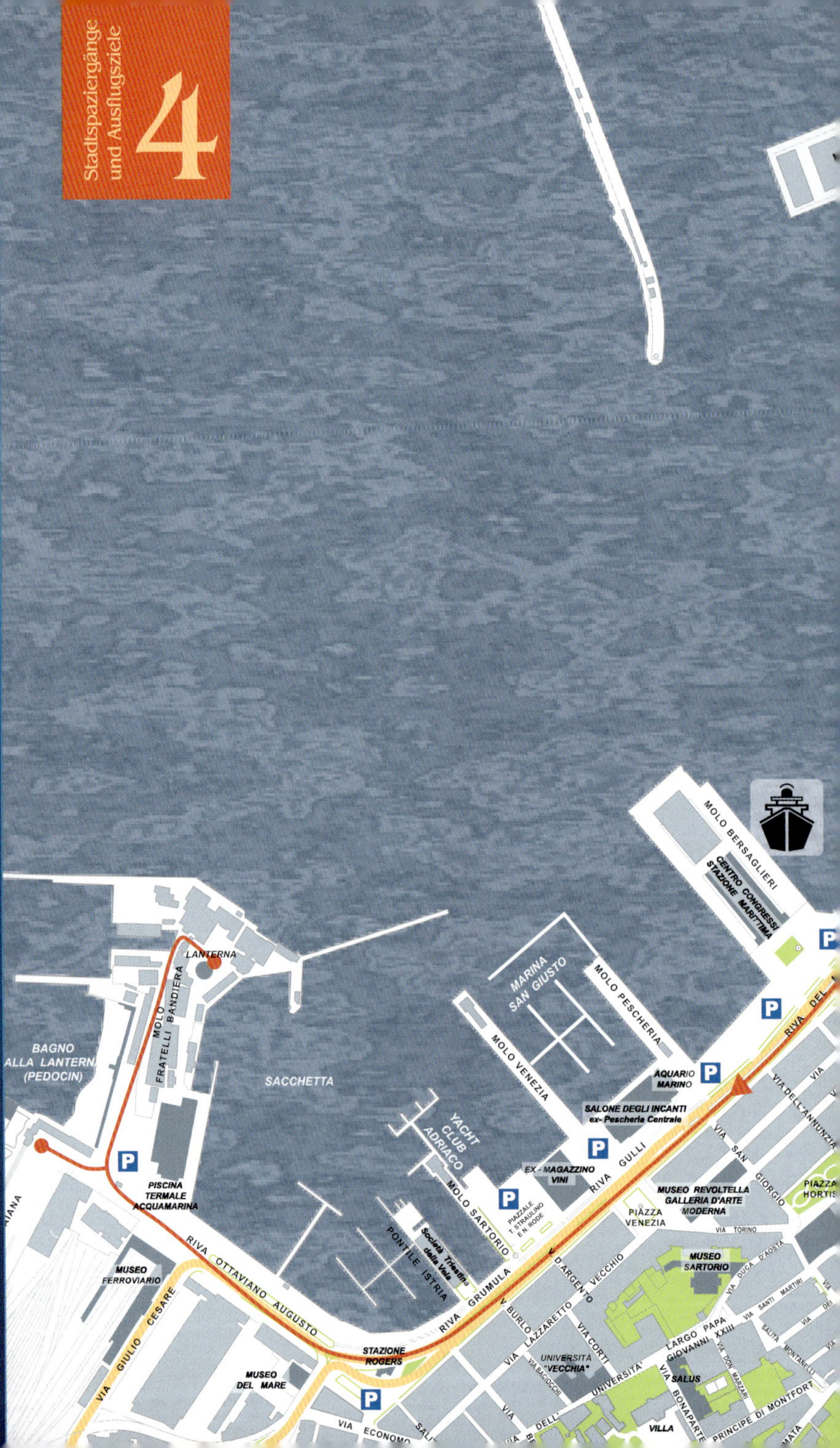
MOLO BERSAGLIERI
CENTRO CONGRESSI
STAZIONE MARITTIMA
LANTERNA
MOLO FRATELLI BANDIERA
BAGNO ALLA LANTERNA (PEDOCIN)
SACCHETTA
MARINA SAN GIUSTO
MOLO PESCHERIA
MOLO VENEZIA
AQUARIO MARINO
SALONE DEGLI INCANTI ex- Pescheria Centrale
YACHT CLUB ADRIACO
RIVA DEL
RIVA GULLI
EX - MAGAZZINO VINI
MOLO SARTORIO
PIAZZALE T. STRAULINO E N. RODE
Società Triestina della Vela
PONTILE ISTRIA
PISCINA TERMALE ACQUAMARINA
MUSEO FERROVIARIO
RIVA OTTAVIANO AUGUSTO
RIVA GRUMULA
VIA GIULIO CESARE
STAZIONE ROGERS
MUSEO DEL MARE
VIA ECONOMO
MUSEO REVOLTELLA GALLERIA D'ARTE MODERNA
PIAZZA VENEZIA
VIA TORINO
MUSEO SARTORIO
VIA SAN GIORGIO
VIA DELL'ANNUNZIATA
PIAZZA HORTIS
V. D'ARGENTO
VIA DUCA D'AOSTA
V. BURLO
VIA LAZZARETTO VECCHIO
VIA CORTI
UNIVERSITÀ "VECCHIA"
LARGO PAPA GIOVANNI XXIII
VIA UNIVERSITÀ
VIA SALUS
VIA BONAPARTE
VIA PRINCIPE DI MONTFORT
VILLA
VIA SANTI MARTIRI
P

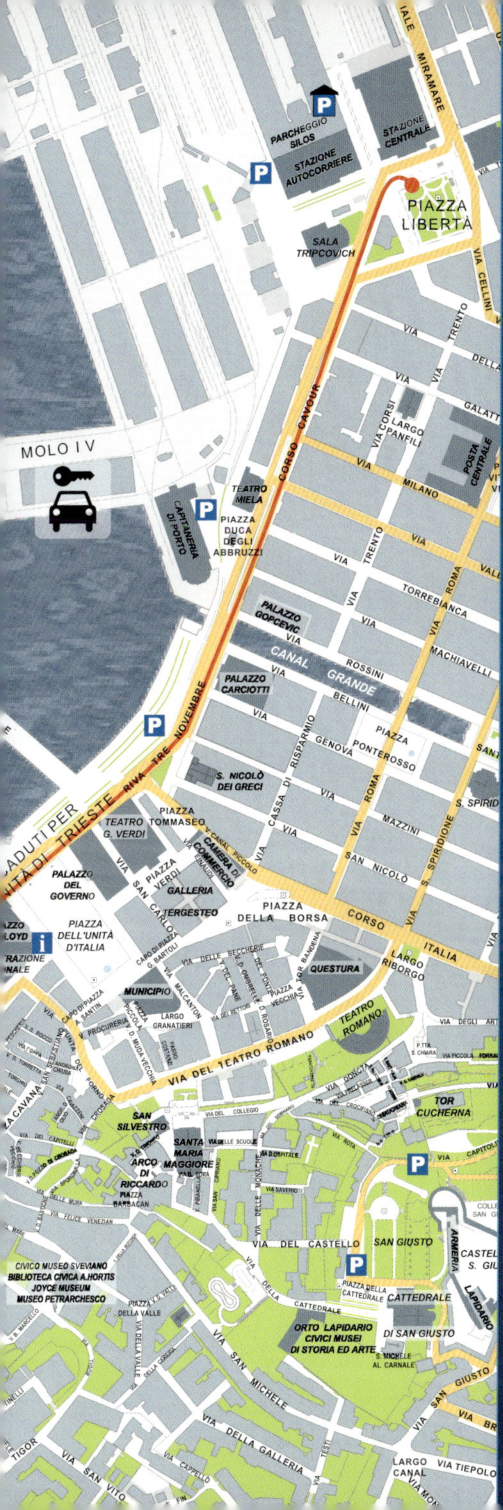
PARCHEGGIO SILOS
STAZIONE AUTOCORRIERE
STAZIONE CENTRALE
VIALE MIRAMARE
PIAZZA LIBERTÀ
SALA TRIPCOVICH
VIA CELLINI
VIA TRENTO
MOLO IV
TEATRO MIELA
CAPITANERIA DI PORTO
PIAZZA DUCA DEGLI ABBRUZZI
CORSO CAVOUR
LARGO PANFILI
VIA CORSI
POSTA CENTRALE
VIA MILANO
VIA ROMA
VIA TORREBIANCA
PALAZZO GOPCEVIC
CANAL GRANDE
VIA ROSSINI
VIA MACHIAVELLI
PALAZZO CARCIOTTI
VIA BELLINI
VIA GENOVA
PIAZZA PONTEROSSO
VIA CASSA DI RISPARMIO
S. NICOLÒ DEI GRECI
RIVA TRE NOVEMBRE
VIA MAZZINI
VIA SAN NICOLÒ
VIA S. SPIRIDIONE
S. SPIRIDIONE
TEATRO G. VERDI
PIAZZA TOMMASEO
CAMERA DI COMMERCIO
PALAZZO DEL GOVERNO
PIAZZA VERDI
GALLERIA
TERGESTEO
PIAZZA DELLA BORSA
CORSO ITALIA
LARGO RIBORGO
PIAZZA DELL'UNITÀ D'ITALIA
QUESTURA
MUNICIPIO
TEATRO ROMANO
VIA DEL TEATRO ROMANO
TOR CUCHERNA
SAN SILVESTRO
SANTA MARIA MAGGIORE
ARCO DI RICCARDO
VIA DEL CASTELLO
SAN GIUSTO
CASTELLO S. GIUSTO
CATTEDRALE
CIVICO MUSEO SVEVIANO
BIBLIOTECA CIVICA A.HORTIS
JOYCE MUSEUM
MUSEO PETRARCHESCO
ORTO LAPIDARIO
CIVICI MUSEI DI STORIA ED ARTE
DI SAN GIUSTO
VIA SAN MICHELE
VIA DELLA GALLERIA
LARGO CANAL
VIA TIEPOLO

Le Rive

Die Uferstraße im Stadtzentrum führt in Nord-Süd-Richtung von der Piazza della Libertà vor dem Hauptbahnhof vorbei am Borgo Teresiano und am Borgo Giuseppino mit ihren repräsentativen Bauten bis zum ältesten Leuchtturm des Hafens, der **Lanterna**, im äußersten Westen von Triest.

Heinrich von Ferstel war der Architekt des 1878 errichteten **Hauptbahnhofs** (Stazione Centrale) an der Piazza della Libertà. Er war die Endstation der Bahnlinie Wien–Triest über Graz und Laibach, geplant von dem genialen venezianischen Ingenieur Carl Ritter von Ghega, der mit dem heute noch in Betrieb befindlichen und von der UNESCO zum Weltkulturerbe erklärten Gebirgsabschnitt über den Semmering mehr als nur ein Jahrhundertwerk schuf. Die **Piazza della Libertà** ist auch Ausgangspunkt für zahlreiche städtische Buslinien und Eingangstor für all jene, die sich über die Küstenstraße dem Stadtzentrum nähern.

Der Platz ist von mehreren Gebäuden im Wiener Ringstraßenstil umgeben, die von gut situierten Handelsunternehmern in Auftrag gegeben wurden. Einer der größten Bauten ist der **Palazzo Economo** (1884), Sitz der regionalen Denkmalbehörde und der Nationalgalerie für Alte Kunst. Die 1957 gegründete Galerie umfasst rund 80 Gemälde italienischer Meister des 15. bis 19. Jh., unter ihnen Bilder von Canaletto und Tintoretto (Galleria Nazionale d'Arte Antica, Piazza della Libertà 7, 2. Stock, Mo–Sa 9–13 Uhr, So geschl, Eintritt frei).

In einer Grünanlage in der Mitte des Platzes steht ein Jugendstil-**Bronzedenkmal der Kaiserin Elisabeth** von Franz Seifert (1912), das von den Triestiner Bürgern nach der Ermordung „Sisis" finanziert und in Auftrag gegeben worden war. Nach dem Ersten Weltkrieg von den neuen Herren entfernt, wurde es erst 1997 wieder an alter Stelle aufgestellt.

Der holden Kunst dient seit 1992 der ehemalige Busbahnhof an der dem Meer zugewandten Seite des Platzes. Weil die beiden wichtigsten Bühnen, das Teatro Verdi für Musik und das Teatro Rossetti für Sprechtheater, eine dringende bauliche Sanierung notwendig hatten, wurde das 1935 errichtete Gebäude innerhalb kürzester Zeit in einen modernen Theaterraum umgestaltet. Bis 2001 war die 930 Sitzplätze umfassende **Sala Tripcovich** ein nahezu perfektes Ausweichquartier für Musiker, Sänger und Schauspieler, das nach wie vor für verschiedene Veranstaltungen genutzt wird.

Hässliche Industrieruinen hinter einem 3 Kilometer langen, hohen Eisenzaun begleiten den per Auto anreisenden Triest-Besucher, ehe er beim Hauptbahnhof das Zentrum erreicht, ein trauriges Bild zur Begrüßung. Der **Alte Hafen** (Porto Vecchio) ist ein rund 15 Hektar großer Komplex zwischen Barcola und der Piazza della Libertà, bestehend aus rund 70 verfallenen Lagerhäusern und Kais, die bisweilen als malerische Kulissen für Filmaufnahmen herhalten müssen. Was für ein Areal für Stadtplaner! Leider konnte sich die Gemeindeverwaltung, vor allem aus finanziellen Gründen, bisher nicht zu einer großzügigen Entscheidung über die künftige Nutzung des Alten Hafens durchringen.

Einen Hoffnungsschimmer zumindest stellt die jüngste Renovierung des **Magazzino 26** (Halle 26), der 1890–97 erbauten zweitgrößten Halle Europas dar. Sie bildete im Herbst 2011 den spektakulären Hintergrund der Biennale Diffusa, die mehr als 100 Künstlern aus Friaul-Julisch Venetien Gelegenheit bot, sich einem größeren Publikum vorzustellen. Veranstaltungen im Magazzino 26 erlauben einen Blick in den sonst öffentlich nicht zugänglichen Alten Hafen.

Über den breiten Corso Cavour gelangt man zur rund 2 Kilometer langen Uferstraße, die mehrmals ihren Namen wechselt. Paläste von Banken und Versicherungen bieten ein Bild von gediegenem Wohlstand, das auch durch den **Roten Wolkenkratzer** (Grattacielo Rosso) am Beginn des Canal Grande unterstrichen wird. Der Backsteinbau (1926–28) ist zwar nicht sehr hoch, doch erinnert die Fassade, hinter der sich Büros der Assicurazioni Generali befinden, ein wenig an den Stil New Yorker Häuser zu Beginn des 20. Jh. Womit Triest einmal mehr seine Weltoffenheit demonstrieren konnte.

An der anderen Seite des Kanals erhebt sich das Paradebeispiel für den Triestiner Neoklassizismus, der Palazzo Carciotti (s. Seite 66). Der anschließende Monumentalbau, das ehemalige Hotel de la Ville (1839–41), einst das modernste und komfortabelste Hotel der Stadt, in dem Giuseppe Verdi die letzten Takte seiner 1850 in Triest uraufgeführten Oper „Stiffelio“ zu Papier gebracht hat (Gedenktafel), ist – wie könnte es anders sein – heute ein Bankpalast.

Die griechisch-orthodoxe **Chiesa S. Nicolò dei Greci** (Ende 18./Anfang 19. Jh.) ist dem Schutzpatron der Seefahrer und Reeder gewidmet. Hinter der neoklassizistischen Fassade von Matteo Pertsch verbirgt sich ein mit zwei großen Gemälden von Cesare Dell'Acqua – er war der von Maximilian von Habsburg bevorzugte Maler – geschmückter Innenraum. Die sehenswerte Ikonostase, die Trennwand zwischen Kirchenschiff und Altarraum, ist mit ziseliertem Silber und kostbaren Ikonen dekoriert (Chiesa S. Nicolò dei Greci, Riva III Novembre 7, Di–Sa 9–12, 16–18, So 16–18, im Sommer nachmittags 16.30–19 Uhr, Mo geschl.).

132 Meter ragt der **Molo Audace** gegenüber der Rückseite des Teatro Verdi in die (nicht immer blaue) Adria hinein. Zwar legen hier längst keine Schiffe mehr an, dafür aber genießt man von der steinernen Zunge aus einen herrlichen 360-Grad-Blick auf die Stadt, den Hafen und das Meer. Die Mole, benannt nach dem Kriegsschiff, das am 4. November 1918 die ersten italienischen Truppen nach Triest brachte, ist zu einer beliebten Promenade geworden, auf der man sich den Wind so richtig um die Nase wehen lassen kann.

Wenige Schritte nach der Piazza dell'Unità d'Italia erstreckt sich der **Molo Bersaglieri** ins Meer, vor dem das Denkmal für den aufgrund des Todesurteils durch ein k. u. k. Militärgericht 1916 in Pola (heute: Pula) hingerichteten Freiheitskämpfer Nazario Sauro (geb. 1880) steht. Dahinter befindet sich die ehemalige **Stazione Marittima** (Hafenterminal), um 1930 errichtet, die zu einem Kongresszentrum umgebaut wurde.

Ein weiterer bemerkenswerter Zweckbau aus der ersten Hälfte des 20. Jh. findet sich bei der nächsten Mole. Die alte Pescheria (Fischhalle) von 1913, die über einen piezometrischen Turm (der breite Druck des Meeres presst das Wasser durch ein schmales Rohr in die Höhe) versorgt wurde, ist eine Stahl- und Glaskonstruktion, die wegen ihrer kirchenähnlichen Form im Volksmund Santa Maria del Guato (Heilige Maria der Meergrundeln) genannt wird, nun aber offiziell als Ausstellungs- und Veranstaltungshalle den Namen **Salone degli Incanti** (Zauber-Salon) trägt.

Das benachbarte **Civico Acquario Marino** (Städtisches Meeresaquarium) von 1933 erfreut sich großer Popularität. Es bedient sich nach wie vor des Turmes zum Meerwasseraustausch in den Becken, in denen sich heimisches wie exotisches Getier tummelt. Nicht zu vergessen die zahmen Pinguine, Nachfahren des legendären „Marco", die seit den 1950er-Jahren das Publikum begeistern und gerne in der Umgebung des Aquariums herumwatscheln (Civico Acquario Marino, Molo Pescheria 2, Nov.–März Di–So 8.30–13.30, Apr.–Okt. Di–So 9–19 Uhr, Mo und an Feiertagen geschl.).

Die Meerespromenade führt nun vorbei an eleganten neoklassizistischen Palästen zur Linken und dem Backsteingebäude des 1903 gegründeten Segelklubs **Yacht Club Adriaco (www.ycadriaco.it)** in der gut geschützten Bucht Sacchetta auf der rechten Seite. Dies ist der älteste, bereits von den Römern benützte Teil des Triestiner Hafens, in dem sich zahlreiche betuchte Freizeitkapitäne ihre Ankerplätze gesichert haben.

Die nach rechts in westlicher Richtung schwenkende Riva Ottaviano Augusto bringt uns zum **Civico Museo del Mare** (Städtisches Meeresmuseum), in dem die Geschichte von Schifffahrt und Fischfang dokumentiert wird. Der eher hässliche Bau von Anfang des 18. Jh., einst ein Lazarett, birgt eine interessante und umfassende Sammlung von Schiffsmodellen von der Antike bis in die Neuzeit, nautischen Instrumenten, Seekarten, Fotos und anderen historischen Materialien.

Besondere Aufmerksamkeit wird dem aus Böhmen gebürtigen Josef Ressel (1793–1857) gewidmet, einem k. u. k. Forstbeamten, der mit der Entwicklung der Schiffsschraube den Antrieb von Wasserfahrzeugen revolutioniert hatte. Ressel erlitt ein typisches Erfinderschicksal: Seine Versuche im Hafen von Triest scheiterten an technischen Unzulänglichkeiten der Dampfmaschinen, in Frankreich und England betrog man ihn um sein Patent. Verbittert zog er sich zurück. Erst nach seinem Tod erfuhr er seine verdiente Würdigung (Civico Museo del Mare, Via Campo Marzio 5, Di–So 8.30–13.30 Uhr, Mo und an Feiertagen geschl.).

Der anschließende **Campo Marzio** ist ein riesiges ehemaliges Bahngelände, das man Anfang des 20. Jh. als Endstation der k. u. k. Staatsbahnen von Wien über Villach, Bled und Görz nach Triest errichtet hatte. Mit dieser Linie und mit Dumpingtarifen sollte das Monopol der privaten Südbahn, die am heutigen Hauptbahnhof endete, gebrochen werden. Beide Strecken jedoch trugen zu einem enormen wirtschaftlichen Aufschwung des Hafens bei, der freilich nicht allzu lange andauern sollte. Zu Beginn des 20. Jahrhunderts schrieb also Slataper: „Und ich gehe durch die Straßen von Triest und freue mich, dass es reich ist, lache über die vorüberziehenden, aneinander stoßenden Wagen, die grauen, prallgefüllten Kaffeesäcke, die fast elastischen Kisten, wo zwischen papierenen Schleiern und Spitzen die dicken Orangen zuhauf liegen, über die Säcke voll Reis, die, von der Zollwache aufgeschlitzt, eine schmale weiße Schneespur hinter sich herziehen ..."

Nach dem Ersten Weltkrieg blieben lediglich einige lokale Linien nach Istrien und auf den Karst übrig. 1960 wurde der planmäßige Personenzugsverkehr überhaupt eingestellt. Die nach wie vor bestehende *Linea di cintura* (Gürtellinie), eine Verbindung zwischen Hauptbahnhof und Campo Marzio, könnte einmal die Basis für eine U-Bahn bilden, träumt man in Triest. 1984 wurde in den Resten des alten Bahnhofs von Campo Marzio das **Museo Ferroviario** (Eisenbahnmuseum) eingerichtet. Neben Fotos, Skizzen, Plänen, Uniformen und Modellen im Inneren sind im Freien historische Wagen und Lokomotiven sowie Straßenbahnen zu sehen, ein eindrucksvoller Überblick über ein wichtiges Kapitel der Transportgeschichte der Stadt und ihrer Umgebung (Museo Ferroviario di Trieste, Via Giulio Cesare 1, www.museoferroviariotrieste.it, Mi, Sa, So 9–13 Uhr).

An der Ecke zum Molo Fratelli Bandiera, der das Sacchetta-Hafenbecken und damit die Westseite des Golfs von Triest abschließt, befindet sich das moderne Schwimm-, Fitness- und Kurzentrum **Acquamarina** mit vielfältigen Angeboten von Wassergymnastik über Thalasso- und andere Kuranwendungen bis zu Sauna und Massagen (Acquamarina, Molo F. Bandiera 1, Tel. 040 301 100, www.2001team.com). An der Spitze der Mole steht die Lanterna, ein um 1830 auf einem Felsen errichteter Leuchtturm, dessen Reichweite immerhin 16 Seemeilen betrug. Bis zur Inbetriebnahme des Leuchtturms **Faro della Vittoria** (Sieges-Leuchtturm) auf der gegenüberliegenden Seite des Golfes im Jahr 1927 war er das einzige Lichtsignal im Hafen. Die Lanterna, verlor jedoch ihre Bedeutung, 1969 wurde das Leuchtfeuer eingestellt. Heute dient sie nur mehr als normale Hafenbeleuchtung.

An der zur Adria offenen Seite des Molo gibt es für all jene, die nicht zu den Stränden außerhalb der Stadt fahren und nur einmal schnell im Meer abkühlen wollen, zwei traditionelle Badeanstalten: Im 1890 eröffneten und 2009 umfassend renovierten **Bagno alla Lanterna** sind – wahrscheinlich einzigartig in Europa – die Geschlechter nach wie vor durch eine hohe Mauer streng getrennt, Kinder unter 12 Jahren bleiben in der Frauenabteilung. Das Bad

wird im Volksmund Pedocin genannt, was im Triestiner Dialekt „kleiner Floh" bedeutet. Laut Tradition nahmen die Soldaten Kaiser Franz Josephs hier ein Bad, um sich von den Flöhen zu befreien ... (Molo F. Bandiera 3, Tel. 040 305 922, 1.6.–30.9., 7.30–19 Uhr).

Das um 40 Jahre jüngere, sehr populäre und dementsprechend stark besuchte **Bagno Ausonia**, 2006 renoviert und modernisiert, ruht auf Holz- und Zementpfählen. Über Stufen oder per Kopfsprung geht es ins Wasser, für Nichtschwimmer ist dieses Bad daher ungeeignet (Via Traiana 1, Tel. 040 309 913, www.ausonia.trieste.it, Mai–Sept. tgl. 9–19 Uhr).

Mit dem Bus (Linie 8) kann man in wenigen Minuten zum Ausgangspunkt zurückkehren.

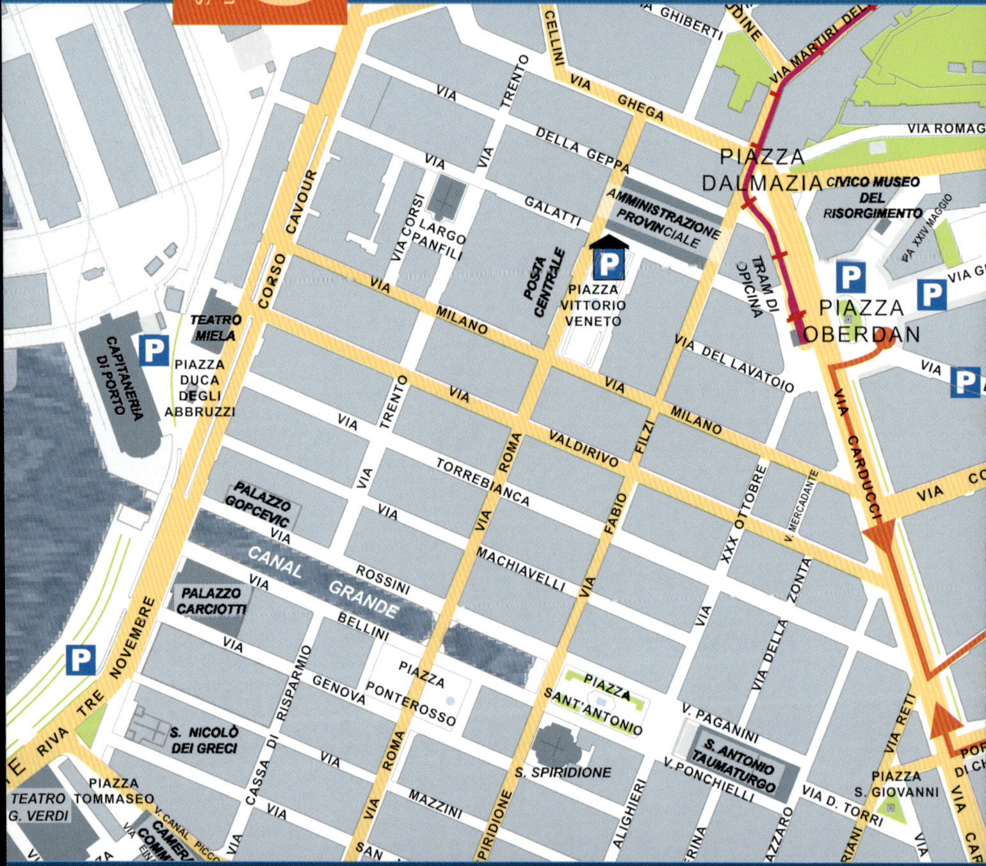
VIA GHIBERTI
VIA CELLINI
VIA GHEGA
VIA MARTIRI DELLA
VIA ROMAGNA
VIA TRENTO
VIA DELLA GEPPA
VIA GALATTI
PIAZZA DALMAZIA
CIVICO MUSEO DEL RISORGIMENTO
P.ZA XXIV MAGGIO
AMMINISTRAZIONE PROVINCIALE
CORSO CAVOUR
VIA CORSI
LARGO PANFILI
POSTA CENTRALE
PIAZZA VITTORIO VENETO
TRAM DI OPICINA
PIAZZA OBERDAN
VIA MILANO
TEATRO MIELA
CAPITANERIA DI PORTO
PIAZZA DUCA DEGLI ABBRUZZI
VIA DEL LAVATOIO
VIA CARDUCCI
VIA VALDIRIVO
VIA FILZI
VIA TORREBIANCA
VIA ROMA
VIA FABIO
PALAZZO GOPCEVIC
VIA XXX OTTOBRE
V. MERCADANTE
VIA ZONTA
CANAL GRANDE
VIA ROSSINI
VIA MACHIAVELLI
PALAZZO CARCIOTTI
VIA BELLINI
RIVA TRE NOVEMBRE
VIA CASSA DI RISPARMIO
VIA GENOVA
PIAZZA PONTEROSSO
PIAZZA SANT'ANTONIO
VIA DELLA ZONTA
V. PAGANINI
VIA RETI
S. NICOLÒ DEI GRECI
S. ANTONIO TAUMATURGO
V. PONCHIELLI
S. SPIRIDIONE
PIAZZA S. GIOVANNI
VIA D. TORRI
VIA MAZZINI
PIAZZA TOMMASEO
TEATRO G. VERDI
V. CANAL PICCOLO
CAMERA COMMERCIO
VIA SAN SPIRIDIONE
VIA ALIGHIERI

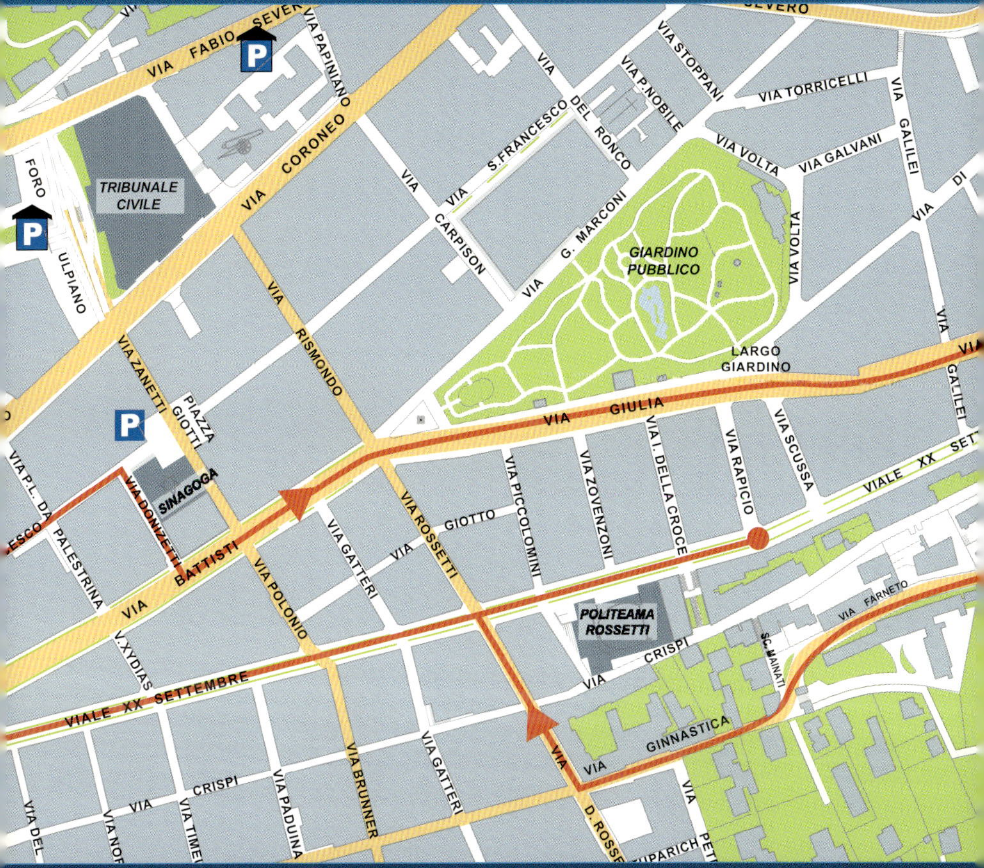

Borgo Franceschino und die moderne Stadt

Die Franzensvorstadt (Borgo Franceschino), benannt nach dem österreichischen Kaiser Franz I. (1768–1835), erstreckt sich östlich der Via Carducci. Die Gegend ist geprägt von Palästen und Wohnhäusern aus den Anfängen des 19. Jh., mit denen man mit den großen Städten des Habsburger-Reiches wetteifern wollte. Tatsächlich gelang es in manchen Vierteln, eine an „Klein-Prag" erinnernde Atmosphäre zu schaffen. Die Sehenswürdigkeiten der modernen Stadt und vor allem die ausgedehnten Parkanlagen und Naturreservate liegen zum Teil so weit auseinander, dass man besser öffentliche Verkehrsmittel benutzen sollte.

Wir beginnen den Spaziergang an der Piazza Oberdan. Sie liegt an den Ausfallstraßen, die vom Hauptbahnhof nach Opicina im Karst (Via Fabio Severo) bzw. nach Istrien (Via Ghega, Via Carducci, Viale D'Annunzio) führen. Anstelle einer k. u. k. Kaserne, in der man den verhinderten Franz-Joseph-Attentäter Guglielmo Oberdan und Namensgeber dieses Platzes 1882 hingerichtet hatte, entstand in den 1930er-Jahren ein Halbrund aus Zweckgebäuden, in denen heute Ämter und Behörden untergebracht sind.

In der **Casa del Combattente**, einem schlichten, dunkelroten Backsteinbau, befindet sich das Städtische **Museum des Risorgimento** (Museo del Risorgimento). Die Geschichte der Einigung Italiens mit dem Schwerpunkt Triest und Julisch Venetien von 1848 bis 1918 wird in zahlreichen Bildern, Fotos, Schriften und Erinnerungsstücken dokumentiert. Zum Museum gehört auch die Gedenkstätte für Oberdan mit der Todeszelle des Anti-Habsburg-Rebellen und einem Denkmal (Civico Museo del Risorgimento e Sacrario Oberdan, Via XXIV Maggio 4, Do, Fr 9–13 Uhr).

An der gegenüberliegenden Seite des Platzes steht das traditionsreiche, 1801 gegründete **Hotel Posta**, einige Meter weiter, an der Kreuzung mit der Via del Lavatoio, die **Casa Czorny** (1838), ein schönes Beispiel für die zahlreichen originellen architektonischen Lösungen von Eckhäusern in Triest.

An der Piazza Oberdan liegt die Abfahrtsstelle der **Straßenbahn Triest-Opicina**, Europas letzter Tram dieser Art, die je nach Steigung während der Fahrt von „normalem" auf Standseilbahn-Betrieb wechseln kann. Seit 1902 überwindet sie mit mehreren Zwischenstationen eine Gesamtstrecke

2
2
TRIESTE
OPICINA
404

von 5 175 Metern mit einem Höhenunterschied von 326 Metern. Der letzte Überlebende des schienengebundenen Nahverkehrs in Triest verkehrt täglich alle 20 Minuten zwischen 7 und 20 Uhr und gehört schon allein wegen der herrlichen Aussichten auf Stadt und Meer zu den „Top Ten" jeder Triest-Besichtigung, an der auch Kinder großen Gefallen finden.

Über die Via Carducci und die davon linkerhand abzweigende Via San Francesco kommt man zur mächtigen Synagoge, eines der größten jüdischen Sakralgebäude Europas und damit Symbol von Bedeutung und Reichtum der jüdischen Gemeinde von Triest. Zur Bauzeit (1908–12) zählte die Gemeinde fast 6 000 Mitglieder, heute sind es nur mehr 600. Eine große und mehrere kleine Kuppeln heben das mit jüdischen Symbolen geschmückte Gebäude in orientalisch anmutendem Stil aus dem Häusermeer deutlich hervor. Die Fassade wird von einer sechsarmigen Rosette dominiert, das Innere ist von schlichter Feierlichkeit (Sinagoga, Via S. Francesco 19, Öffnungszeiten Tel. 040 371 466, Führungen So 10, 11,12 Uhr, ausgenommen jüdische Feiertage).

Häuser aus der Zeit um 1900, deren Fassaden sich zu kleinen Erkern und Balkonen wölben, flankieren auch die parallel zur Via S. Francesco verlaufende, breite und freundliche Via Cesare Battisti mit ihren vielen kleinen Läden für Dinge des Alltags, von Lebensmitteln bis zu Textilien und Schuhen. Auf Hausnummer 18, im selben Block wie die Synagoge, befindet sich das **Caffè San Marco**, von allen Triestiner Kaffeehäusern zweifellos das authentischste. Es hat seinen lupenreinen Jugendstil bewahrt, modische Restaurierungen blieben ihm erspart. Ein breites Band vergoldeter Blätter umrahmt als Halbrelief den Plafond, dazwischen Medaillons mit Masken der Commedia dell'Arte. Stilechte Thonet-Sesseln, eine alte Registrierkasse mit Knöpfen und Kurbeln und eine lange, verspiegelte Theke tragen zum Zauber dieses alten Cafés bei (Via Cesare Battisti 18, Tel. 040 363 538, Mo–Sa 8–24 Uhr, So, Feiertage geschl.).

Wo die Via Cesare Battisti in die Via Giulia übergeht, beginnt hinter dem Denkmal für den Handelsherrn Domenico Rossetti (1774–1842), einem der führenden Triestiner Intellektuellen und Industriellen seiner Zeit, der **Giardino Pubblico „Muzio de Tommasini"**. Der nach dem ersten faschistischen Bürgermeister von Triest benannte Stadtpark, 1854–64 für ein niemals realisiertes Stadterweiterungsprojekt angelegt, aber erst 60 Jahre später der Öffentlichkeit zugänglich gemacht, ist eine 3 Hektar große grüne Lunge mit reichem Baumbestand, Wiesen, Teich, Kinderspielplätzen, Café, Musikpavillon und einer Galerie von Büsten berühmter Dichter von Svevo bis Saba und Joyce. Der Schriftsteller Claudio Magris meint dazu: „In den Stadtgarten geht man zur Erholung, um die Sonne zu genießen oder im Schatten zu verweilen, je nach Jahreszeit, um der Muße zu pflegen. Selbst wenn man ihn einfach nur passiert, um auf dem Weg von einem Ort zum andern – beispielsweise vom Café San Marco zur Kirche Sacro Cuore in der Via del Ronco – dem Verkehr zu entkommen, verlangsamt sich die Gangart, das Gehen wird zum Gleiten auf einem Toboggan." (Giardino Pubblico, Via Giulia 2, Sommer tgl. 7–20, Winter tgl. 7–19 Uhr, Bus Linien 3, 6, 9, 35).

Ein Areal von fast 92 Hektar umfasst der **Bosco Farneto** (Farneto-Wald), ein Naturreservat mit gepflegten Wegen, gemütlichen Rastplätzen und einem Naturlehrpfad. Wem die steile Via Giulia zu mühsam ist, nimmt einfach einen Bus der Linien 6, 9 oder 35, um das beliebte Naherholungsgebiet der Triestiner, das Kaiser Ferdinand I. (der „Gütige") der Stadt 1844 zum Geschenk gemacht hatte, zu erreichen. Der Farneto-Wald ist immer geöff-

net. Im Westteil des Parks wurde in den 1930er-Jahren ein sehenswerter Botanischer Garten eingerichtet (Orto Botanico, Via de Marchesetti 2, Di–So 9–13 Uhr, Mo und an Feiertagen geschl., Bus Linien 25, 26).

Rund 5 Hektar groß ist der historische Park der **Villa Revoltella** am höchsten Punkt des Farneto-Hügels. Das ehemalige Landhaus des Kaufmanns und großzügigen Mäzens Pasquale Revoltella, dem die Stadt auch einen Palast samt unschätzbar wertvoller Kunstsammlung verdankt (s. Seite 76), wird für Ausstellungen und andere kleinere Veranstaltungen genutzt (Giardino Storico di Villa Revoltella, Via de Marchesetti 37, Sommer 7–20, Winter 7–19 Uhr, Bus Linien 11, 25, 26).

Nahe dem Eingang findet man die kleine Votivkirche **San Pasquale Baylon**, erbaut 1867 von dem Prager Architekten Josef Kranner. In der Krypta des für Hochzeiten beliebten Kirchleins befinden sich die Grabstätten von Revoltella und seiner Mutter.

Zu Fuß oder mit dem Bus (Linien 25, 26) geht es nun abwärts über die Via de Marchesetti, die Via Farneto und die Via Ginnastica bis zur Via Rossetti, über die man rechter Hand die Viale XX Settembre erreicht. Die auch als **„Acquedotto"** (in Erinnerung an die unter Maria Theresia erbaute Wasserleitung) bekannte Allee ist eine liebens- und lebenswerte Fußgängerstraße und Flaniermeile mit Platanen und Häusern mit schmalen Balkonen. Cafés, Konditoreien, Eissalons und Imbissstuben stellen beim ersten wärmenden Sonnenstrahl Tische und Sessel hinaus und machen die Straße zum blätterüberdachten Wohnzimmer.

Im Haus Nr. 16 kam 1861 der Schriftsteller **Italo Svevo** (unter seinem bürgerlichen Namen Ettore Schmitz) zur Welt, das Haus Nr. 32 ist ein schöner Jugendstil-Bau, ebenso wie das Haus Nr. 35, das Teatro Eden, heute ein Kino unter dem Namen Ambasciatori. Die Hausnummer 45 trägt das **Politeama Rossetti**, Sitz der wichtigsten Sprechtheaterbühne der Region. 1878 eröffnet und seither mehrmals umgebaut und modernisiert, bietet das Theater Platz für mehr als 1500 Zuschauer. Im Sommer bespielt das Teatro Stabile di Prosa eine Freiluftbühne im Castello di San Giusto.

Jetzt kann man entweder in wenigen Minuten zum Ausgangspunkt an der Piazza Oberdan zurückkehren oder mit einem Bus (Linie 8 ab Hauptbahnhof, Linie 10 ab Piazza Goldoni, Linie 20 ab Piazza Oberdan) in Richtung Via Valmaura zur **Risiera di San Sabba** fahren, dem ersten und einzigen nationalsozialistischen Vernichtungslager auf italienischem Boden. Der 1913 in dem Randbezirk San Sabba errichtete Gebäudekomplex der ehemaligen Reismühle wurde nach dem Sturz Mussolinis und der Aufkündigung des Bündnisses mit Deutschland durch Italien im September 1943 von der NS-Besatzung als KZ und Durchgangslager für die Deportation gefangener italienischer Soldaten, Widerstandskämpfer, Partisanen und Juden nach Deutschland und Polen benutzt. Zwischen 3000 und 5000 Menschen wurden gleich an Ort und Stelle ermordet, ihre Leichen in dem im April 1944 in Betrieb genommenen Krematorium verbrannt. 1965 wurde die Risiera di San Sabba zur Nationalen Gedenkstätte erklärt, zehn Jahre später darin ein Museum eingerichtet, mit erschütternden Dokumenten brutaler Grausamkeit und menschlichen Leids (Civico Museo della Risiera di San Sabba, Via Giovanni Palatucci 5, tgl. 9–19 Uhr, 25.12. und 1.1. geschl., Eintritt frei).

Essen und Trinken

Antica Trattoria Suban
(Via Comici 2, Tel. 040 54 368, www.suban.it, Mo, Di geschl., Bus Linie 35B ab Via Carducci):
Einer der Klassiker der Triestiner Gastronomie, gehobene Preisklasse, lokale Spezialitäten, Gartenbetrieb.

Menarosti
(Via del Torro 12, Tel. 040 661 077, So abends und Mo geschl.):
Traditionsreiche regionale Küche in einer Seitenstraße der Via XX Settembre, gehobene Preisklasse, Süßwasser- und Meeresfische, Fleischspeisen.

Osteria de Scarpon
(Via della Ginnastica 20, Tel. 040 367 674, mittags und abends, So Ruhetag):
Ein gemütliches Lokal, in dem Fischspezialitäten ebenso wie ein saftiges Gulasch serviert werden.

Peperino Pizza & Grill
(Via del Coroneo 19, Tel. 040 631 234, Mo–Fr 12–15, 19–23.30 Uhr, Sa, So nur abends):
Gute, schnelle Küche, Steaks und Pizze à la Napoli.

Hostaria Strehler
(Via Giorgio Strehler 5, Tel. 040 639 780, tgl. außer So 10–15, 19–22.30 Uhr):
Kleinere und größere Speisen von Küche und Buffet, süffige Weine.

Caffè San Marco
(Via Cesare Battisti 18, Tel. 040 363 538, Mo–Sa 8–24 Uhr, So, Feiertage geschl.):
Hier wird noch im Original-Ambiente die gute alte Kaffeehauskultur gepflegt.

Enoteca Bischoff
(Via Cesare Battisti 14, Tel. 040 630 885, Di–Sa 10–13, 17–22 Uhr, So, Mo geschl.):
Gepflegte Wein-Bar einer seit mehr als 230 Jahren bestehenden Firma, 2 500 verschiedene italienische Etiketten lagernd, Ausschank auch glasweise, dazu gibt es kleine Snacks.

La Preferita
(Via XX Settembre 29, Tel. 338 816 98 89, Mo–Sa 17.30–2 Uhr, So geschl.):
Kultlokal zwischen Pub, Vinothek und Cocktailbar. Riesenauswahl an Bieren, Weinen und Spirituosen, kleine Speisen.

Einkaufen

Bekleidung. Godina *(Via Carducci 10)*:
Elegante Mode für Damen, Herren und Kinder, auch Maßkleidung.

Bücher. Libreria Triestina *(Via S. Francesco 20)*:
Slowenische Buchhandlung, spezialisiert auf Reiseliteratur und Landkarten, auch typische Handwerksprodukte werden angeboten.

Lebensmittel. Gi.Bi. *(Via Cesare Battisti 1)*:
Käse-Spezialitäten aus ganz Italien, insbesondere Ziegen-Frischkäse aus Piemont und Friaul. Auch Wurstwaren, frische Pasta und Wein.

Lederwaren. Pelletterie Cattaruzza *(Via Cesare Battisti 13)*:
Koffer, Hand- und Aktentaschen, Brieftaschen, Geldbörsen.

Schuhe. Calzaturificio Donda *(Largo della Barriera Vecchia 5)*:
Stadtladen der bekannten italienischen Schuhfabrik, große Auswahl, auch Sportschuhe.

Souvernirs. Charleston *(Via Carducci 16)*:
Geschenkartikel und recht ansprechende Triest-Mitbringsel.

Triestiner Riviera

Triestiner Riviera

Ehe die italienische Adria-Küste in die für sie typische flache Landschaft mit Lagunen und Sandstränden übergeht, zeigt sie sich an der Triestiner Riviera von ihrer wild-romantischen Seite. An der Costiera, wie die Steilküste zwischen Barcola und Duino auch genannt wird, findet man versteckte Badebuchten ebenso wie märchenhafte Schlösser, verträumte Dörfer, einen geheimnisvollen Fluss, ein Heiligtum des Mithraskultes und Reste einer frühchristlichen Basilika.

Die Viale Miramare führt von der Piazza Libertà entlang der Mauer des Porto Vecchio in den 4 Kilometer entfernten Vorort Barcola. Das einstige Fischerdorf ist wegen seines schon von den Römern geschätzten milden Klimas zu einem noblen Villenviertel geworden, das sich von der Hauptstraße bis hoch auf den Berg hinauf zieht. Beim Jachthafen steht die **Chiesa di S. Bartolomeo Apostolo** (1787) mit einer schönen, von einer abgerissenen Kirche in Triest stammenden Rosette aus dem 13./14. Jh. an der Fassade. Die lange, zum Großteil schattige Uferpromenade dient als **Erholungsgebiet und Badestrand**, dazu gibt es ausgedehnte Parkplätze (Bus Linien 6, 36, im Sommer 5 x tägl. auch Schiffs-Linienverkehr zwischen Triest/Riva N. Sauro, Ecke Molo Bersaglieri und Barcola, weiter über Grignano nach Sistiana).

Am Colle di Gretta, einer Anhöhe über Barcola, streckt sich der **Faro della Vittoria** in den Himmel. Der schlanke, 70 Meter hohe Leuchtturm aus hellem, gerippten Stein wurde 1927 eröffnet und trägt an seiner Spitze eine Bronzestatue der geflügelten Siegesgöttin Victoria. Der Unterbau war ursprünglich Teil der Marineartillerie-Stellung Forte Kressich aus dem 19. Jh. (Faro della Vittoria, Strada del Friuli 141, Apr.–Sept. tgl. außer Mi 9–11 und 16–18 Uhr, Okt.–März an Sonn- und Feiertagen 10–15 Uhr).

Auf einem Felsvorsprung bei der Ortschaft Grignano erhebt sich aus dem blauen Meer und vor dem Grün einer melancholischen Parklandschaft das schneeweiße **Castello di Miramare**, die meistbesuchte Sehenswürdigkeit von Triest (1855–60 von Carl Junker errichtet). Wenn auch die allzu süße Zuckerbäcker-Gotik des nach genauen Anweisungen des Bauherrn Maximilian von Habsburg (1832–1867) gestalteten Schlosses nicht jedermanns Geschmack ist, so kann man sich dennoch der morbiden Magie von Miramare nur schwer entziehen.

Das Märchen-Ambiente brachte wenig Glück. Nur vier Jahre lang durften Maximilian und seine belgische Ehefrau Charlotte hier schöne Stunden verbringen, ehe der Bruder von Kaiser Franz Joseph die verhängnisvolle Entscheidung traf, die Kaiserkrone von Mexiko anzunehmen, ein Abenteuer, das für ihn im Kugelhagel eines revolutionären Erschießungskommandos endete. Charlotte fiel daraufhin in geistige Umnachtung. Zu den Gästen des Schlosses gehörten auch Kaiserin Elisabeth sowie der Thronerbe Franz Ferdinand und dessen Gattin Sophie – alle von Attentätern ermordet. In englischer Kriegsgefangenschaft in Nairobi ging ein weiterer Bewohner, der Herzog von Aosta, Äthiopiens Vizekönig von Mussolinis Gnaden, zugrunde. In Ljubljana hingerichtet wurde schließlich 1947 der aus Kärnten stammende NSDAP-Gauleiter des Adriatischen Küstenlandes, Friedrich Rainer, der von 1943 bis Kriegsende in Miramare residierte.

Der vorgegebene Rundgang führt vom Atrium zuerst durch die Privaträume im Erdgeschoss und dann durch die repräsentativen Räumlichkeiten im 1. Stock. Die üppige Inneneinrichtung stammt von Franz und Julius Hofmann, Vater und Sohn, die Möbel sind großteils original, Skulpturen und Bilder dagegen aus konservatorischen Gründen meist Kopien.

Von der Novara, dem Admiralsschiff der k.u.k. Flotte inspiriert sind die Zimmer Maximilians. Der Schlafraum hat die Form einer Kabine, das Ar-

beitszimmer ist der Offiziersmesse der Fregatte nachempfunden. In der Bibliothek befinden sich an die 7 000 Bände. Im anschließenden Speisesaal beginnen die Zimmer Charlottes, die sich aus einem Salon mit Hammerklavier, auf dem die Belgierin gerne spielte, einem Boudoir, dem intimsten Privatgemach der Erzherzogin, dem Schlafzimmer und einem Ankleideraum zusammensetzten. Eine kleine Türe führt direkt in die Kapelle, von der aus man den Saal der Windrose (Sala della Rosa dei Venti) betritt, der als sommerlicher Speiseraum gedient hatte.

Die Repräsentationsräume im 1. Stock umfassen die in den 1930er-Jahren eingerichteten Apartments des Herzogs von Aosta mit schönen Stilmöbeln aus jener Epoche, einen Königssaal mit einem großen Baldachinbett, einen Audienzsaal, verschiedene Salons in japanischem und chinesischem Stil, den Historischen Saal mit einem Gemäldezyklus von Cesare Dell'Acqua und schließlich den mit zahlreichen Gemälden zur Geschichte des Hauses Habsburg ausgestatteten 10 Meter hohen und 15 Meter langen Thronsaal.
Der mit Bäumen und Sträuchern aus aller Welt bepflanzte und nach klassischen englischen Vorbildern wie romantischen Gesichtspunkten angelegte Schlosspark erstreckt sich auf einer Fläche von 22 Hektar über das gesamte Vorgebirge. Kleine Wasserläufe, ein Teich, Grotten und gepflegte Wege, die immer wieder zu schönen Aussichtspunkten führen, machen diese mit klassischen Statuen geschmückte Anlage zu einem erholsamen Aufenthaltsort.

Dazu trägt auch das Park-Café Massimiliano (tgl. 9 Uhr bis 1 Stunde vor Schließung des Parks) mit kühlen Getränken und kleinen Speisen bei.
Castello di Miramare, Viale Miramare, www.castello-miramare.it, Schloss

(Eintritt gebührenpflichtig) ganzjährig tgl. 9–19 Uhr, Führungen und Audioguides. Park (freier Eintritt) tgl. 8–19 (Apr.–Sept.) bzw. 8–18 (März, Okt.), 8–17 Uhr (Nov.–Febr.). Bus Linie 36 (Juni–Sept. auch Linie 6) ab Hauptbahnhof. Von der Haltestelle Miramare Zugang durch den Schlosspark. Im Sommer auch Linien-Schiffsverkehr von und nach Triest, ab Anlegestelle Grignano 15 Gehminuten.

Im Schlösschen beim Parkausgang in Richtung Grignano, dem letzten Wohnort Charlottes vor ihrer endgültigen Rückkehr nach Belgien, wo sie 1927 starb, befindet sich das **Besucherzentrum des Meeres-Naturreservats** von Miramare, das 1973 auf Initiative des WWF eingerichtet wurde und 30 Hektar Schutzgebiet im Meer und an der Küste umfasst (Riserva naturale marina di Miramare, Viale Miramare 349, Juni–Sept. Mo–Fr 10–17 Uhr).

In Grignano – es gehört noch zum Stadtgebiet von Triest – gibt es einen kleinen geschützten Hafen, nette Badeplätze, Hotels und Restaurants. Nicht nur für Erwachsene interessant ist das interaktive **Wissenschaftsmuseum** mit angeschlossenem kleinen Planetarium (Museo interattivo Immaginario Scientifico, Riva Massimiliano e Carlotta 15, www.immaginarioscientifico.it, Juni–Sept. Sa, So 15–20, Okt.–Mai So 10–20 Uhr).

Die in den 1920er-Jahren erbaute Küstenstraße (siehe S. 121) führt nun zwischen Himmel und Meer in Richtung Sistiana und Duino. Wer ein Bad nehmen will, kann das Ufer meist nur über steil abfallende Pfade erreichen. Am Rand der Hochebene klebt das entzückende Dörfchen **Santa Croce** mit seinen engen Gassen und einem wunderbaren Blick auf die Bucht von Triest (Bus Linien 39/ und 44). Viele seiner Bewohner lebten früher vom Thunfischfang. Von einem 250 Meter hohen Felsen über dem Meer konnten sie den Zug der großen Fische beobachten und ihre Leute in den Booten entsprechend informieren. Vom Ortszentrum führen eine Straße, dann ein Weg zur **Vedetta Slataper** (Slataper-Aussichtswarte) am Monte San Primo, einem populären Aussichtspunkt.

Viel Grün und helle Karstklippen umrahmen die schöne Bucht von Sistiana, zu der man von der Küstenstraße abzweigt. Der beschauliche Badeort **Sistiana Mare** hat Strand, Hafen, Hotels und Restaurants, droht aber im Hochsommer zu einem überlaufenen Tummelplatz zu werden (Bus Linie 73 nur im Sommer, in Sistiana umsteigen in Linie 44 nach Piazza Oberdan).

Wo die Strand- von der Küstenstraße abzweigt, befindet sich der End- bzw. Ausgangspunkt des Sentiero Rilke (**Rilke-Weg**), der über den Karstrücken bis nach Duino führt. Für die kleine Wanderung über 1,7 Kilometer sollte man sich gute 45 Minuten Zeit nehmen, allein schon um die vielen atemberaubenden Ausblicke in Ruhe zu genießen.

Nicht nur die Morgen alle des Sommers -, nicht nur
wie sie sich wandeln in Tag und strahlen vor Anfang.
Nicht nur die Tage, die zart sind um Blumen, und oben,
um die gestalteten Bäume, stark und gewaltig.
Nicht nur die Andacht dieser entfalteten Kräfte,
nicht nur die Wege, nicht nur die Wiesen im Abend,
nicht nur, nach spätem Gewitter, das atmende Klarsein,
nicht nur der nahende Schlaf und ein Ahnen, abends ...
sondern die Nächte! Sondern die hohen, des Sommers,
Nächte, sondern die Sterne, die Sterne der Erde.
O einst tot sein und sie wissen unendlich,
alle die Sterne: denn wie, wie, wie sie vergessen!

Aus: Rainer Maria Rilke,
Duineser Elegien, Die siebente Elegie

Seit der Römerzeit bewohnt ist **Duino**, heute ein von kleinen Villen geprägter Badeort zu Füßen des gleichnamigen Schlosses, das eine sehr wechselhafte Geschichte hinter sich hat. Der Bau wurde 1389 als militärische Festung begonnen, im 19. Jh. entwickelte sich hier ein schöngeistiger Hof. Namhafte Persönlichkeiten des kulturellen Lebens waren bei den Fürsten von Thurn und Taxis (Della Torre e Tasso), heute nach wie vor die Schlossherren, zu Gast, unter ihnen Johann Strauss, Franz Liszt, Mark Twain, Hugo von Hofmannsthal, Gabriele D'Annunzio, Eleonora Duse und nicht zuletzt Rainer Maria Rilke, der hier 1912 die Anregungen zu seinen Duineser Elegien erhielt.

Nach den Zerstörungen im Ersten Weltkrieg besteht das Schloss nun aus einem Komplex mehrerer Gebäude aus verschiedenen Epochen um einen Innenhof mit Loggia, umgeben von zwei Befestigungsmauern, sowie einem schönen Park. Um den Besitz einigermaßen zu finanzieren, musste die Fürstenfamilie das Gästehaus an eine internationale Schule (siehe S. 21) vermieten, auch eine Ferienwohnung wird angeboten. Der nach umfangreichen Renovierungsarbeiten seit 2003 Besuchern zugängliche Teil bewahrt kostbare Möbel, eine Porzellansammlung und eine Kollektion antiker Kunst.

Die Ruine der Alten Burg (11. Jh.) erhebt sich auf einer schwer zugänglichen Klippe neben dem Schloss, die in ihrer Form an eine verschleierte Frau erinnert. Hier hat die Legende von der „Dama Bianca" ihren Ursprung, deren ruheloser Geist auch noch im 21. Jh. in Duino spuken soll. (Castello di Duino, www.castellodiduino.it, Apr.–Sept. tgl. außer Di 9.30–17.30 Uhr, Bus Linie 44 von und nach Piazza Oberdan).

Inmitten dichter Macchia-Vegetation und einige Meter über der Autobahn liegt in einer Grotte am Fuß des Monte Ermada ein **Mithras-Tempel**, der vom Ende des 1. bis zum 5. Jh. n. Chr. von römischen Legionären als Heiligtum verehrt wurde. Im Inneren der Höhle kann man auf einem Gedenkstein

eine Darstellung der aus Persien stammenden Gottheit Mithras beim Stieropfer erkennen. Darunter die Inschrift: „Dem unbesiegbaren Gott Mithras bringt Aulus Tullius Paumnianus Opfer für seine Gesundheit und jene seiner Brüder Tullius Secundus und Tullius Severinus." Münzen, Gefäße und andere Opfergaben, die hier gefunden wurden, sind in den Triestiner Museen zu besichtigen. In der Höhle selbst kann man noch Steinbänke und einen würfelförmigen Steinblock sehen, der als Opferaltar diente (Besichtigung Do 9–11 Uhr, Info im Denkmalamt/Soprintendenza, Piazza Libertà 7, Tel. 040 426 14 11 oder bei Bruno Sonetti, Tel. 040 200 769, der auch nach Vereinbarung zur Grotte führt; Ausgangspunkt ist die Caserma della Forestale/Kaserne der Forstmeisterei am Ende der Ortschaft Duino, Bus Linie 44).

Ein Naturphänomen, wie man es nur im Karst finden kann, stellt der **Timavo** dar, der mit Abstand kürzeste Fluss Italiens. Er entspringt unter dem Namen Reka in Slowenien, verschwindet aber dann plötzlich in den Tiefen des Karst, um nach 38 Kilometern einige hundert Meter vor seiner Mündung wieder aufzutauchen. An der Oberfläche fließt er, umgeben von üppiger Vegetation, gemächlich ins Meer. Kein Wunder, dass der Timavo schon in der Antike mythologischen Ruf genoss und man den Eingang zur Unterwelt vermutete, wo das Wasser wieder zutage tritt. Aus römischer Zeit kann man hier einen dem Flussgott geweihten Gedenkstein sowie Inschriften einer Stätte des Herkuleskultes sehen (Küstenstraße bis San Giovanni al Duino, dann links, Bus Linie 44).

In idyllischer Lage am Ufer des Timavo steht die **Chiesa di S. Giovanni in Tuba**, die im 15. Jh. auf den Resten einer frühchristlichen Basilika erbaut wurde, wie man an den Ausgrabungen im Altarraum erkennen kann: links ein Mosaikfußboden aus dem 5. Jh., rechts ein Grab, in dem sich Heiligen-Reliquien befunden haben sollen. Von außen kann man die schöne Apsis im Stil der alpinen Gotik bewundern (Besichtigung Do 9–11 Uhr, Info siehe Mithras-Tempel, Bus Linie 44).

Zur Gemeinde Duino-Aurisina gehört der abseits der Hauptstraße am Meer liegende Weiler **Villaggio del Pescatore**, wo Ende der 1980er-Jahre durch Zufall das 80 Mio. Jahre alte, 4 Meter lange und vollständig erhaltene Fossil eines Hadrosaurus (Dinosaurier mit Entenschnabel) entdeckt wurde (Bus Linie 44). Der Sensationsfund kann im Naturgeschichtsmuseum in Triest besichtigt werden (Civico Museo di Storia Naturale, Via dei Tominz 4, Mo–Fr 9–13 Uhr, Bus Linie 18 ab Corso Italia/Piazza Goldoni).

Essen und Trinken

Grifone
(Barcola, Viale Miramare 133, Tel. 040 414 274, mittags und abends, Di Ruhetag):
Fischrestaurant mit Sommergarten an der Strandpromenade, große Weinkarte, mittlere Preiskategorie.

Raffaele
(Barcola, Viale Miramare 139, Tel. 040 413 094, tgl. 12–14.30, 18.30–23.30 Uhr):
Pizzeria mit 110 verschiedenen Sorten, auch Pasta- und Fleischgerichte. Sommerterrasse.

Trattoria Al Pescatore
(Barcola, Viale Miramare 211, Tel. 040 411 134, mittags und abends Mi Ruhetag):
Das Restaurant mit schöner Aussichtsterrasse gegenüber dem Pinienhain von Barcola hat sich auf traditionelle Triestiner Fischküche spezialisiert.

Tavernetta Al Molo
(Grignano, Riva Massimiliano e Carlotta 11, Tel. 040 224 275,
Betrieb Mai–Sept., Di Ruhetag):
Klassische Küche mit Schwerpunkt Meeresfrüchte, gehobene Preiskategorie.

Locanda Gaudemus
(Sistiana 57, SS 14, Tel. 040 299 255, Di–Sa mittags und abends, So, Mo Ruhetage):
Feine Küche in edlem Ambiente, raffinierte Fischgerichte, Spitzenweine, gehobene Preiskategorie.

Il Pettirosso
(Duino-Aurisina, Santa Croce 16, Tel. 040 220 619,
Mo, Do Ruhetage, außer im Sommer):
Traditionelle Osteria mit innovativer, frischer Küche, in der Produkte aus der Umgebung verarbeitet werden; breite Weinauswahl.

Al Pescaturismo

(Villaggio del Pescatore 83, Tel. 040 209 846, Febr.–Okt. Di abends bis So mittags 12.30–14.30, 19.30–22 Uhr):

Sympathischer Familienbetrieb, alles vom Meer, frisch und schmackhaft zubereitet.

Alla Dama Bianca

(Duino Porto 61/C, Tel, 040 208 137, Mi Ruhetag):

Legendäres Hotel-Restaurant in Traumlage direkt am Meer, lokale Fisch- und Fleischspezialitäten.

Die Barcolana – Lebenslust pur

Vielen ist sie ein Begriff, man muss sie aber selbst erlebt haben, um zu wissen, wovon man spricht: Die Barcolana ist nicht nur die weitaus größte Segelregatta des Mittelmeeres und eine der größten der Welt, sie ist vielmehr ein Ausdruck der Lebensfreude. Was für New Orleans der Mardi Gras und für Köln der Karneval, ist für Triest die Barcolana.

Aus der im Jahre 1968 erstmals veranstalteten Regatta mit 51 Teilnehmern ist heute ein riesiges Sportereignis mit bis zu 2000 Jachten geworden. Und noch weit mehr: Die eigentliche Regatta, die alljährlich am zweiten Sonntag im Oktober stattfindet, ist nur der Höhepunkt einer ganzen Woche vielfältigsten Spektakels und enormen Besucherandranges. Es gibt neben kleineren Segelbootrennen unzählige Veranstaltungen aller Art sowie Konzerte unterschiedlichster Musikrichtungen, eine nautische Messe sowie eine Ausstellung mit historischen Segelbooten.

Entlang der Uferpromenade im Zentrum der Hafenstadt wird ein eigenes Villaggio Barcolana, also ein Barcolana-Dorf, errichtet. Auf diesem bunten Markt kann man sich an den angebotenen Produkten, die weit über den Segelsport hinausgehen, so richtig satt sehen. Selbstverständlich kommt auch das Kulinarische nicht zu kurz, eine große Anzahl von Ständen lädt zu Speis und Trank ein.

Aber auch in sportlicher Hinsicht ist die Barcolana im Golf von Triest etwas Besonderes: Anstelle der sonst üblichen strengen Regattabestimmungen trat ein Segelwettbewerb mit wenigen, einfach verständlichen Regeln – es gehen alle zugleich an den Start und wer zuerst über die Ziellinie kommt, ist der Sieger. Vom Ufer aus können die Zuschauer die Regatta, die im kleinen Dorf Barcola nordwestlich von Triest beginnt, beobachten. Die Route führt in Richtung Koper/Capodístria (Slowenien), vorbei am Schloss Miramare und zurück nach Barcola.

Ein spektakulärer Anblick ist der Start aller Teilnehmer, es blinken bis zu 2000 weiße Segel im tiefblauen Wasser der Adria. Ein unvergessliches Erlebnis!

Die schönste Küstenstraße: die Strada Costiera

Sie hat schon einige Jahre auf dem Buckel, ist aber noch immer gut befahren. Und sie ist die wohl spektakulärste Küstenstraße an der Adria: die Strada Costiera, die Traumstraße zwischen der Adria-Hafenstadt und dem Seebad Sistiana, 2008 bereits 80 Jahre alt geworden. Als sie 1928 errichtet wurde, wählte sie das US-Magazin „Life" zur schönsten Straße in Europa. Die Aussicht ist immer wieder atemberaubend, wenn man, von Norden kommend, auf der SS14 nach Triest fährt und sich das Meer vor dem Betrachter ausbreitet.

Der Blick reicht vorbei an Piran und Izola, man sieht die Hügel des Karsts, die Stadt Triest und das weiße Schloss Miramare. An der Steilküste krallt sich Santa Croce in den Felsen, das alte Dorf der Fischer, 200 Meter über dem Meer. Weiter unten sieht man kleine Buchten und Felsgalerien, das Schloss von Duino, die Werft von Monfalcone mit den riesigen Trockendocks, die Flussmündung des Isonzo, den Campanile von Aquileia und Grado mit seiner Lagune. Ein Zwischenstopp auf einem der Parkplätze zahlt sich aus.

Kaum vorstellbar, aber wenn man früher von Venedig nach Triest reisen wollte, konnte man nur zwischen einer Schiffsreise und einer Zugfahrt aussuchen. Erst durch die Küstenstraße gab es auch für Autos eine direkte Verbindung. Die „Costiera Triestina" ist der letzte und spektakulärste Abschnitt der 167 Kilometer und 980 Meter langen „Strada Statale 14 della Venezia Giulia". Sie ist 11 Kilometer und 56 Meter lang und war bei ihrer Eröffnung 9 Meter breit. Markant sind die drei Tunnel, zwei davon (86 und 74 Meter lang) unterqueren den Park von Schloss Miramare, der dritte, die so genannte Galleria Naturale, ist eindrucksvoll in den Fels der Steilküste gebaut, 52 Meter lang und 6,25 m hoch. Sie ist ganz sicher der Höhepunkt einer Fahrt auf der Strada Costiera und, nebenbei, beliebtes Gelände für Sportkletterer.

In den vergangenen Jahrzehnten kamen einige Nebenstraßen dazu, die Autobahn wurde eingebunden und Viadukte hat man verstärkt. 1966 verlagerte sich der Schwerverkehr mit der Eröffnung der Autobahn Venedig–Triest endgültig weg von der Strada Costiera. Heute spielt sie mehr als Touristenattraktion eine Rolle, Triest-Fans wollen den Panoramaausblick aufs Meer nicht vermissen, wenn sie in die Stadt fahren. Aber auch bei den Einheimischen ist die Strada Costiera noch beliebt. Wie der Name schon sagt – Küstenstraße – nützen sie die Triestiner vor allem als Zufahrt für die Strände an der Küste.

Liburnia ist einer ihrer Lieblingsplätze, ein Kiesstrand mit Bäumen, Rosen, exotischen Pflanzen und Kakteen. Den FKK-Strand von Liburnia kann man über steile Wege, die von der „Galleria Naturale" starten, oder vom kleinen Hafen von Aurisina erreichen. Auch ein anderer Nacktbader fühlt sich hier wohl, obwohl er gut geschützt durch die Dunkelheit ist – ein bis zum Jahr 2000 unbekannter Grottenolm, Proteus Anguinus Laurenti. Der kleine Ur-Triestiner war auch Namensstifter für den Commissario in Veit Heinichens Triest-Krimis: im Buch heißt er Proteo Laurenti, ein Sinnbild für einen Polizisten, der sich in die Untiefen der italienischen Gesellschaft begibt und nach dunklen Geheimnissen forscht.

Die Costa dei Barbari, die Barbarenküste, ist nur für eingefleischte Fans ein Thema. Sie ist viel mühsamer zu erreichen: entweder mit dem Boot oder zu Fuß über einen felsigen Abstieg, der mit Stahlseilen gesichert ist. Etwas weiter in Richtung Triest befindet sich das Filterwerk, heute Sitz des Marinebiologischen Instituts. Bei Badefans ist der Strand sehr beliebt, er ist relativ mühelos erreichbar und das Restaurant Bellariva, am Wasser gelegen, ist für seine gute Küche bekannt.

Mehr Komfort bietet das Seebad direkt unter dem Hotel Riviera, das man mit einem 29 Meter hohen Lift von der Strada Costiera direkt erreicht. Seine Lage am Rande eines maritimen Wasserschutzgebietes sorgt für eine besonders hohe Wasserqualität. Wer mehr Überblick bekommen will, fährt die schmale Straße hinauf in das kleine Karstdorf Santa Croce. Die Steigung beträgt 20 Prozent und immer wieder eröffnen sich völlig neue Blickwinkel, einer fantastischer als der andere.

Kostbarer Boden: Der Karst

Karst wie bist du hart und gut, besingt Scipio Slataper die zur Provinz Triest gehörende, 130 Quadratkilometer große Kalkstein-Hochebene, die unmittelbar an die Stadt anschließt. Sie ist nicht flach, sondern von tiefen Furchen zerrissen. Mulden, sanft oder steil abfallend, Wannen, Rinnen, Spalten, Trichter und Einstürze gliedern die durch stetes Wasser ausgehöhlte Kalksteinschicht. Dazu kommen Tausende Höhlen, einige davon bis zu 300 Meter tief, andere wiederum viele Kilometer lang.

Römer und Venezianer hatten die einst dichten Wälder für ihren Schiffsbau rücksichtslos abgeholzt, übrig blieb der poröse, löchrige Stein, bedeckt von einer dünnen Erdschicht. Das Klima auf dem Karst ist trocken, rau und hart. Wo aufgeforstet wurde, zaubert der Karstwald mit seinen Büschen und vom Sturm zerzausten Kiefern wieder Grün zwischen die weißen Kalkfelsen. Dazwischen gibt es liebevoll gepflegte, von kleinen Mauern umgebene Felder und Weingärten, oft in Mulden angelegt, damit der kostbare Boden nicht von der Bora verweht wird. Auf roter, eisenhaltiger Erde gedeiht ein kräftiger, naturbelassener Wein, der sich international einen Spitzenrang erobern konnte.

Einige Dutzend Dörfer, die Häuser aus hellem Stein eng aneinandergedrückt, kleben auf kleinen Kuppen. In den Innenhöfen pflegen die Karst-Bewohner, die Carsiani, ein freundlicher, aber nicht überschwänglicher Menschenschlag, dessen Muttersprache vorwiegend Slowenisch in einem kaum verständlichen Dialekt ist, ihr geselliges Beisammensein bei Wein, Schinken und Käse. Wenn sie auch Fremde an ihrer Gastlichkeit teilhaben lassen wollen, so öffnen sie für einige Wochen im Jahr ihre gemütlichen Buschenschänken. Die so genannte *osmiza* (auch *osmizza* oder slow. *osmica*) geht auf einen kaiserlichen Erlass aus dem 18. Jh. zurück, der den Winzern erlaubte, ihre Erzeugnisse für einen Zeitraum von acht Tagen (auf Slowenisch osem) direkt zu verkaufen.

Wir starten unsere Karst-Erkundung in dem ausgedehnten Gemeindegebiet von **Duino-Aurisina** (Slowenisch: Devin Nabrežina), wo der mit einer Tiefe von 120 Meter größte Steinbruch Italiens seit mehr als 2000 Jahren in Betrieb ist. Schon die Römer wussten die Qualität des grauen, glänzend polierten Kalksteins zu schätzen, bis heute fand und findet er in repräsentativen

Gebäuden Verwendung. Der gewaltige Tagebaubetrieb lässt sich in der Nähe des Bahnhofs Bivio di Aurisina von oben beobachten (Bus Linien 43/nur werkt., 44, 73/während Sommersaison).

In der Ortschaft **Ceroglie** (Cerovlje, Bus Linie 43/Winter nur werkt.), beginnt hinter der Kirche der Wanderweg Nr. 8, der in rund 2 Kilometer zum Gipfel des Monte Ermada (Grmada) führt, im Ersten Weltkrieg Schauplatz erbitterter Kämpfe zwischen österreichischen und italienischen Truppen. Nach wie vor stößt man auf Kriegsrelikte wie einen Tunnel, durch den die k. u. k. Soldaten in eine natürliche Höhle gelangten, in der Verwundete versorgt wurden (gelbe Markierung ab Gipfel).

Einige der besten Winzer des Karst sind in **San Pelagio** (Šempolaj) und **Prepotto** (Prapot) zu Hause (s. Seite 50, Bus Linie 43/im Winter nur werkt.). In **Samatorza** (Samatorca, Bus Linie 46) beginnt beim Kriegerdenkmal ein kurzer Wanderweg auf den Monte San Leonardo, von dem aus man einen Rundblick über den ganzen Triestiner Karst genießen kann. Außerhalb des Ortes liegt die **Grotta Azzurra** (Blaue Grotte), eine reiche Fundstelle von Objekten aus der Steinzeit. Nach dem Ersten Weltkrieg diente die Grotte als Trinkwasserreservoir.

Im Gemeindegebiet von **Sgonico** (Zgonik) befindet sich der **Giardino Botanico Carsiana**, ein beliebtes Ausflugsziel der Triestiner (Bus Linie 46). In dem 1964 auf einer Fläche von einem halben Hektar angelegten Botanischen Garten kann man mehr als 1000 auf dem Karst heimische Pflanzenarten in ihrem natürlichen Ambiente – Wald, Heide, Dolinen, Felsen, Geröllhalden, Feuchtgebiet – bewundern (Tel. 040 229 573, Mai–Okt. Di–Fr 10–13, Sa, So, Feiert. 10–13 und 15–19 Uhr, Mo geschl.).

Eine der Hauptattraktionen des Triestiner Karsts ist die **Grotta Gigante**, die als die größte für Touristen zugängliche Höhle der Welt gilt (s. nächste Seite).

Grotta Gigante: 500 Stufen in die Unterwelt

Die Grotta Gigante unweit von Sgonico ist nur eine der bisher entdeckten rund 6000 Höhlen in der Region Friaul-Julisch Venetien, aber was für eine! Die so genannte Große Halle der Grotta ist 130 Meter lang, 65 Meter breit, 107 Meter hoch und hat einen Rauminhalt von 600000 Kubikmetern. Das Guinness-Buch der Rekorde beschreibt sie als die „Größte Schauhöhle der Welt".

Die auch als „Riesenhöhle von Triest" bekannte Grotta Gigante wurde 1840 entdeckt und ist seit 1908 für Besucher geöffnet. Im Laufe der Jahre wurde sie immer besser begehbar gemacht, heute führen 500 Stufen zum tiefsten Punkt hinab und ebenso viele zum Ausgang am anderen Ende der Höhle empor. Obwohl die Treppen gut begehbar sind, ist hier vom Tragen von Stöckelschuhen abzuraten. Auch sollte man die beeindruckende Tour ins Erdinnere besser nicht mit einem bloßen T-Shirt bekleidet unternehmen, die Temperatur beträgt in der Grotta nämlich nur 11° C.

Die rund zehn Millionen Jahre alte Höhle fasziniert nicht nur durch ihre Ausmaße, atemberaubend sind auch die bis zu zwölf Meter hohen Stalagmiten sowie die von der Decke hängenden und kunstvoll beleuchteten Stalagtiten. Immer wieder fällt der Blick des Besuchers auf die beiden mehr als 100 Meter langen Röhren mit Stahlpendeln, die von der Grottenhöhle bis zum Boden reichen und Veränderungen der Erdkruste sowie die Gezeiten registrieren. Am tiefsten Punkt der Grotte befindet sich eine Erdbebenstation. Dass man beim Aufstieg schon einmal außer Atem kommen kann, soll nicht verheimlicht werden. Dafür entschädigt aber der unvergessliche Blick zurück in die Riesenhöhle, die je nach dem Standort des Besuchers immer neue und überraschende Eindrücke vermittelt. Kurz bevor man den Ausgang in atemberaubender Höhe erreicht, grüßt auf der linken Seite das Skelett eines Höhlenbären. Ein erdgeschichtliches Museum hat man schon beim Höhleneingang passiert.

Im Inneren der Höhle ist übrigens das Fotografieren nicht erlaubt. Warum, das kann einem niemand erklären. Fotos bekommt man aber zur Genüge in einem Souvenirladen beim Höhlenausgang, daneben befindet sich ein kleines Imbisslokal, wo man sich von den 1 000 bewältigten Stufen erholen kann.

Info: Apr.–Sept. 10–18 Uhr (Führung alle 30 Minuten), März und Okt. 10–16 Uhr (Führung zur vollen Stunde) und Nov.–Febr. 10– 12 und 14–16 Uhr (Führung zur vollen Stunde). Montags geschl., außer Juli und August. Grotta Gigante, Borgo Grotta Gigante 42/A, Bus Linie 42 (von und nach Hauptbahnhof), Tel. 040 327 312, www.grottagigante.it

Wer nicht genug bekommen kann von der Unterwelt, steigt auch in die Höhlen von Škocjan in Divača und in Postojna hinunter.
Infos: Skocjan: www.park-skocjanske-jame.si, Postojna: www.turizem-kras.si.

In **Rupingrande/Repen** im Gemeindegebiet von Monrupino/Repentabor, einem hübschen Ort mit uralten, zum Teil unverputzten Häusern und einem idyllischen Dorfplatz, kann man mit der aus dem 19. Jh. stammenden **Casa Carsica/Kraška hiša** (Karsthaus) ein kleines Volkskunde-Museum mit originaler Einrichtung besichtigen. Im Schlafzimmer stehen neben dem Ehebett eine Wiege und eine schöne Truhe, in der die Braut ihre Aussteuer aufbewahrte (Tel. 040 327 124, Apr.–Nov. So und Feiert. 10–11.30 und 15–17 Uhr, Bus Linie 42).

Die **Rocca di Monrupino** ist eine alte Befestigungsanlage auf einer natürlichen Anhöhe, Tabor genannt, wo sich die Bevölkerung vor einfallenden Feinden in Sicherheit bringen konnte. Zwischen Istrien und dem Triestiner Karst gab es jeweils in Sichtweite eine ganze Kette solcher Anlagen, ein perfektes Alarmsystem, das vor allem in den Zeiten der türkischen Eroberungszüge gut funktionierte. Mit Baujahr 1512 ist das innerhalb der Mauern des Tabors liegende **Santuario della Beata Vergine Assunta** die älteste Kirche der Gegend mit einem Glockenturm von 1802. Der Wallfahrtsort ist in ungeraden Jahren jeweils in der letzten Augustwoche auch Schauplatz der Nozze Carsiche/Kraška ohcet (Karstische Hochzeit), einer viertägigen Volkstums-Veranstaltung, an der die gesamte Bevölkerung in ihren alten Trachten teilnimmt. Dass dabei Wein und Kulinarisches nicht fehlen dürfen, versteht sich von selbst (Bus Linie 42).

34 Meter tief ist die **Dolina di Percedol**, eine der größten Dolinen des Karst, auf deren Trichterboden sich ein Teich mit reicher, vor Wind und Kälte geschützter Wasserfauna befindet. Üppig ist auch die Vegetation mit Eichen, Hainbuchen und Weiß- und Rottannen (Bus Linie 42).

Die Bus Linie 42 führt auch zu einem architektonischen Monster, das – beinahe drohend – am Rand der Steilküste hoch aufragt und das Auge des Betrachters von nah und fern beleidigt: Das der Madonna von Fatima geweihte **Santuario di Monte Grisa** wurde in den 1960er-Jahren zum Dank für die Befreiung vom Kommunismus als gigantischer trapezförmiger Betonklotz errichtet, innen wie außen eine ästhetische Missgeburt vom Charme einer heruntergekommenen Bahnhofshalle. Dennoch blüht der Pilger-Tourismus, die Kassen an den Spendenschaltern und in dem von Nonnen betriebenen Devotionalienladen klingeln auf Hochtouren (Santuario di Monte Grisa, www.montegrisa.org, Mo–Sa 8.30–17.30, So, Feiert. 9–19 Uhr).

In der Nähe der Wallfahrtskirche verläuft die **Strada Napoleonica**, ein Panoramaweg 250 bis 300 Meter über dem Meer, der seinesgleichen sucht. Er beginnt im Borgo San Nazaro am Rande von Prosecco/Prosek und endet nach 3,7 Kilometern beim Obelisken von Opicina. 1821 hatte man mit den Bauarbeiten zu dieser Straßenverbindung begonnen, die dabei auftretenden Schwierigkeiten und die hohen Kosten zwangen jedoch zur Aufgabe des Projekts. Übrig blieben ein riesiger Felseinschnitt und auf dem gesamten Verlauf der geplanten Straße ein von der Bora weitgehend geschützter und daher äußerst populärer Spazierweg mit atemberaubenden Ausblicken.

Opicina/Opčine ist ein Triestiner Vorort in 320 Meter Seehöhe, mit dem Stadtzentrum (Piazza Oberdan) durch die legendäre Tram, einer einzigartigen Kombination von Straßen- und Standseilbahn, verbunden (s. Seite 96). Am Eingang des lebhaften Ortsteils mit netten Restaurants, Hotels und Geschäften erhebt sich ein Obelisk, der an den Besuch von Kaiser Franz I. anno 1830 erinnert. Außer mit der Tram erreicht man Opicina auch mit den Buslinien 4, 39, 39/ und 42.

Auch **Basovizza/Bazovica** gehört zum Gemeindegebiet von Triest und eignet sich dank guter öffentlicher Verbindungen mit dem Stadtzentrum (Bus

Linien 39, 39/ und 51) als Standort für eine Besichtigung der Adria-Stadt und ihrer Umgebung. Im Heidegebiet am Rande des Ortes erinnert die **Foiba di Basovizza** an ein schreckliches Kapitel in der Geschichte dieses Grenzgebiets. In dem 256 Meter tiefen Karstschlot wurde 1945 nicht nur Kriegsmaterial versenkt, auch die Leichen von Tausenden Menschen, die von jugoslawischen Partisanen ermordet worden waren, verschwanden in der Tiefe. Da es nicht möglich war, die sterblichen Überreste aus dem größten Massengrab Italiens zu bergen, wurde die Foiba 1959 versiegelt und 1992 zum Nationaldenkmal erklärt (Bus Linie 39, Haltestelle Basovizza).

Nur 3 Kilometer von der glücklicherweise nun offenen Grenze mit Slowenien und 4 Kilometer von Basovizza entfernt, erstreckt sich auf einem großen Wiesengelände das Gestüt von **Lipizza/Lipica**, die 1580 mit Pferden von der Iberischen Halbinsel für den Einsatz in der Spanischen Hofreitschule in Wien gegründete Wiege der edlen Lipizzaner. Zu der gepflegten Anlage gehören heute auch zwei Hotels, ein Golf-Club und ein Casino. Leider gibt es keine öffentlichen Verkehrsverbindungen mit Lipica, Triestiner Reisebüros veranstalten jedoch regelmäßig Ausflüge zu den Vorführungen des Gestüts.

Spaziergänger, Wanderer, Bergsteiger und Kletterer wissen das **Val Rosandra/Dolina Glinščica** gleichermaßen zu schätzen. Das 1996 zum **Naturpark** erklärte, vom Rosandra-Fluss tief eingeschnittene Tal im Gebiet der für ihr hervorragendes Olivenöl bekannten Gemeinde San Dorligo della Valle/Občina Dolina im Südosten der Provinz Triest ist von zahlreichen Wanderwegen durchzogen, die zu Höhlen, Ruinen alter Befestigungen, den noch relativ gut erhaltenen Resten eines römischen Aquäduktes und zu einem spektakulären, 36 Meter hohen Wasserfall führen. Kletterfelsen aller Schwierigkeitsgrade, natürliche Badepools im Flussbett, ein auch von Wanderern genützter Mountainbike-Weg auf der Trasse einer um 1960 aufgelassenen Eisenbahnstrecke sowie eine reiche Flora und Fauna tragen weiter zur Popularität des 750 Hektar großen Naturparks bei.

Info: Bus Linien 40, 41 und 49/ bis Haltestelle Bagnoli; Besucherzentrum in Bagnoli/Boljunec 507, Tel. 040 832 94 35, Apr.–Okt. Sa, So, Feiert. 9–12, 14.30–17.30 Uhr, unter www.riservavalrosandra-glinscica.it kann man ein Prospekt mit Plan inklusive Beschreibung von 4 Wanderungen herunterladen.

Essen und Trinken

Osteria Sardoc
(Duino-Aurisina, Loc. Slivia 5, Tel. 040 200 146, Do–So mittags und abends, Mo–Mi geschl.):
Kulinarische Traditionen der Region werden hier mit viel Liebe gepflegt, deftige Speisen, große Portionen, gute Weine.

Savron
(Sgonico, Loc. Prosecco, Strada Devincina 25, Tel. 040 225 592, Do–Mo mittags und abends, Di, Mi geschl.):
Restaurant in Grünlage, mitteleuropäische Küche mit Schwerpunkt Fleisch; hervorragende hausgemachte Süßspeisen.

Antica Trattoria Valeria
(Opicina, Strada per Vienna 52, Tel. 040 211 204, kein Ruhetag):
Gepflegter Gasthof (mit 12 komfortablen Fremdenzimmern), lokale Karst-Küche in Vereinigung mitteleuropäischer, mediterraner und Balkan-Kochkultur; auch vegetarische Gerichte.

Daneu
(Opicina, Strada per Vienna 76, Tel. 040 211 214, Mo Ruhetag):
Hier wird seit 1903 in Spitzenqualität gekocht, Fleisch- und Geflügelspezialitäten nach alten Rezepten.

Trattoria Max
(Opicina, Via Nazionale 43, Tel. 040 211 160, Do–Di 8–22 Uhr, Mi Ruhetag):
Familiäres Wirtshaus mit guter lokaler Küche und ausgesuchten Weinen.

Locanda Mario
(San Dorligo della Valle, Loc. Draga Sant'Elia, Tel. 040 228 193, Di Ruhetag):
Gemütliche Trattoria mit typischen Gerichten des Karstgebietes, süffige Weine.

Ravbar
(Dutovlje, Dol pri Vogljah 5, Tel. +386 5 734 61 80, Mo., Di. geschlossen):
Geschmackvolle Gerichte mit vielen Kräutern.

Ruj
(Dutovlje, Dol pri Vogljah 16, Tel. +386 5 734 17 20, Di., Mi. geschlossen):
Herrlicher Garten, gehobene Traditionsküche.

Špačaban
(Komen 85, Tel. +386 5 766 04 00, Mo., Di. geschlossen):
Gemütlich, Traditionsküche mit vielen Wildspezialitäten. Vinothek mit Karstweinen.

Osmize:
Da die Betriebszeiten von Jahr zu Jahr variieren, kann man sich unter der Website www.osmize.net darüber informieren, wer wann wo gerade geöffnet hat.

Osmiza – Gemütlichkeit bei Speis und Trank

Der Vergleich mit einem Wiener Heurigen hinkt, denn mit den mehr oder weniger noblen Lokalitäten in Neustift oder Grinzing hat eine Osmiza rein gar nichts zu tun. Am ehesten ist sie wohl in die Kategorie Buschenschank einzuordnen. Vor allem geht es in den Osmize um drei Dinge: Gut essen und gut trinken – und das alles gemütlich ohne Hast und Eile – sowie zu einem erfreulichen Preis.

„Einfach ausspannen" lautet die Devise, wenn man einen dieser zumeist urigen und einfach eingerichteten Familienbetriebe aufsucht. Angeboten werden prinzipiell nur Erzeugnisse aus eigener Produktion, seien es der typische Karster Schinken, die gut gewürzte Wurst, perfekt gereifter Käse und natürlich der Rebensaft vom eigenen Weinberg. Selbst das Brot sei hausgemacht, wird einem versichert. Angeboten werden auch warme Speisen, diese sind aber in einer Osmiza (oder auch Osmizza) kaum gefragt.

Der Originalname Osmica leitet sich vom slowenischen osem ab und bedeutet acht. Laut einer Verordnung von Kaiser Josef II. von 1784 war es den Weinbauern nämlich gestattet, an acht Tagen im Jahr ihre Erzeugnisse steuerfrei zu verkaufen. Heute haben die meisten dieser Buschenschänken einige Wochen geöffnet, ein Teil davon im Sommer, danach wieder im Frühling. Ob sie offen haben, sieht man an Efeubuschen an Straßenkreuzungen und den

darunter befindlichen hölzernen Wegweisern mit einem roten Pfeil. Man erfährt aber auch in Hotels, Restaurants und von Einheimischen bzw. im Internet (www.osmize.net), ob und welche Osmiza in der Nähe gerade zum Verweilen einlädt.

In den Osmize lernt man die Bewohner des spröden Karstes wohl am besten kennen. Sie sind zwar Fremden gegenüber nicht gerade von aufgeschlossener Herzlichkeit, doch der köstliche Wein hat schon so manche Zunge gelöst. Ist man mit ihnen erst einmal ins Gespräch gekommen und hat sich gegenseitig auf die Gesundheit zugeprostet, erfährt man viel. Vor allem, wenn man sich als Österreicher zu erkennen gibt. Denn sogar die Jungen schwärmen melancholisch von der Habsburgermonarchie, obwohl diese schon so lange versunken ist. Und da kann es einem auch einmal passieren, dass ein alter Mann die Kaiserhymne anstimmt und die erste Strophe auf Deutsch, Slowenisch und Italienisch beherrscht: „Das habe ich von meinem Großvater gelernt“, erzählt er mit funkelnden Augen.

Zu später Stunde wird einem in der Osmiza auch verraten, als was sich die Karstbewohner eigentlich fühlen: am wenigsten als Italiener, die Staatszugehörigkeit nimmt man eben in Kauf. Schon viel mehr ist man den slowenischen, also den slawischen Wurzeln zugetan, auf welche sich die meisten berufen. In einer Sache sind sich Alt und Jung aber einig: „Noi siamo Carsiani!“ – „Wir sind Karstianer“. Und alle sind stolz darauf.

Muggia

Muggia

Man sollte sich nicht abschrecken lassen vom stählernen Wald des Industriehafens, von grauen Lagerhallen, hässlichen Wohnblocks und monströsen Autobahnkreuzungen, die zwischen dem Zentrum von Triest und dem bezaubernden, 14 Kilometer entfernten Städtchen Muggia liegen. Schöner als mit Auto oder Bus (Linie 20 ab Hauptbahnhof) nähert man sich der letzten italienischen Bastion auf istrischem Boden per Schiff, verbindet doch die Linea Marittima in einer 30 Minuten dauernden Fahrt ganzjährig den **Molo Bersaglieri** mit dem kleinen Hafen von Muggia, den die Triestiner in ihrem Dialekt Muja, die Slowenen Milje nennen.

Wie fast alle Küstenstädte Istriens ist auch Muggia eine römische Gründung – Castrum Muglae. Ab 1420 stand der Ort fast vier Jahrhunderte lang unter venezianischer Verwaltung, ein Einfluss, der bis heute deutlich sichtbar ist. Nicht zuletzt an dem prächtigen Markuslöwen, der neben den Wappen wichtiger Adelsfamilien die Fassade des Rathauses schmückt. Entgegen der traditionellen Darstellung ist das Evangeliar unter dem Löwen jedoch geschlossen, weil sich die Serenissima damals mit Mailand im Krieg befand. Daher schien der übliche Spruch im geöffneten Buch „Friede sei mit dir“ nicht passend. Konflikte trug Venedig auch immer wieder mit Triest aus. Im Falle von Muggia ging es vor allem um Salinen, beanspruchte doch die Lagunenstadt das Monopol für Meersalz an der Oberen Adria für sich. Nach dem Ende der Republik Venedig 1797 kam das Gebiet unter die Herrschaft der Habsburger, die riesige Werftanlagen zum Bau von Kriegsschiffen errichteten.

Die Werften wurden nach dem Zweiten Weltkrieg geschlossen, heute hat sich der 13 500 Einwohner zählende Ort vorwiegend dem Fremdenverkehr verschrieben und mit dem **Jachthafen San Rocco** eine moderne, mit entsprechender Infrastruktur ausgestattete Anlegestelle für Freizeitkapitäne geschaffen. Ansprechende Hotels, gut ausgerüstete Campingplätze, gemütliche Restaurants mit Fischspezialitäten und saubere Meerbäder laden zu einem Besuch ein. An Venedig erinnern die pittoresken Gässchen in der Altstadt mit der zentralen Piazza Marconi, die einem venezianischen Campiello gleicht.

Und noch eine Parallele gibt es mit der Serenissima: einen bunten, phantasievollen, prallen, eine ganze Woche dauernden Karneval, an dem die gesamte Bevölkerung bei der Gestaltung der Karnevalswagen und der Realisierung der prachtvollen Kostüme für den Umzug teilnimmt. Und unter dem Motto „Muggia sotto le stelle" (Muggia unter den Sternen) gibt es im Juli und August einen Carnevale Estivo (Sommerkarneval) mit einem dichten Programm an Musik, Theater, Kino, Ausstellungen und Sportveranstaltungen.

Sehenswert auf der **Piazza Marconi** ist der 1263 den Aposteln Johannes und Paul geweihte Dom mit seiner strahlend weißen Fassade in gotisch-venezianischem Stil (1450), die von einer sechzehnblättrigen Fensterrosette mit dem Bild der Madonna mit Kind gekrönt wird. Das Portal wird von zwei schlanken gotischen Fenstern flankiert, über dem Eingangstor befindet sich ein Flachrelief der von Johannes und Paul angebeteten Dreifaltigkeit. Im dreischiffigen Kircheninneren, nach Entfernung der barocken Seitenaltäre wieder sehr schlicht, gibt es noch Reste von Fresken aus dem 14. Jh. Das elegante **Rathaus** neben dem Dom wurde im Laufe von sechs Jahrhunderten mehrmals umgebaut, zuletzt in den 1930er-Jahren nach einem verheerenden Brand. Nicht nur der Markuslöwe sorgt hier für eine venezianische Atmosphäre.

Der Corso Puccini bildet die Hauptachse der zum Teil noch von Mauern mit zwei Stadttoren umgebenen Altstadt von Muggia, die mit der **Chiesetta di S. Francesco** in der Via della Torre ein weiteres architektonisches Juwel birgt. Das seltene Beispiel einer gotischen Franziskanerkirche in diesem Teil Italiens (1411) ist ein einfacher, kleiner Bau mit Tafelbildern venezianischer Künstler und Grabmälern aus dem 15. bis

17. Jh., geschmückt mit den Wappen lokaler Patrizierfamilien. Hier ist nun ganzjährig eine **Krippenausstellung** (Mostra Permanente del Presepio, tgl. 8–10 Uhr) zu sehen. Exponate aus der wechselvollen Geschichte zeigt das **Archäologische Museum** in der Casa Veneta, einem Haus aus dem 14. Jh. (Museo di Muggia e del Territorio, Calle Oberdan 14, Mo, Mi, Sa 10–12, Sa auch 17–19 Uhr, Eintritt frei). Die über der Altstadt thronende mittelalterliche **Burg** wurde mehrmals umgebaut und erweitert. Sie befindet sich seit 1991 im Besitz eines Bildhauers, der sein Anwesen mehrmals im Jahr für kulturelle Veranstaltungen der Öffentlichkeit zugänglich macht.

In beherrschender Panoramalage über dem Hafenstädtchen liegt **Muggia Vecchia**, zu Fuß in 30–40 Minuten, bequemer aber mit dem Bus (Linien 27 und 50 ab Muggia) zu erreichen. Die bis Ende des 15. Jh. bewohnte, stark befestigte Siedlung ist heute ein Archäologischer Park mit ausführlichen Hinweisschildern und Erklärungstafeln, die es ermöglichen, die Geschichte dieses Ortes von der Römerzeit bis ins Mittelalter nachzuvollziehen (Parco Archeologico di Muggia Vecchia, Eintritt frei). Den Mittelpunkt bildet die romanische **Basilica di S. Maria Assunta**, der älteste Sakralbau der Provinz Triest. Sie ist inmitten der mittelalterlichen Ruinen das einzige gut erhaltene Gebäude, das vermutlich um das Jahr 1000 auf den Resten römischer Mauern errichtet wurde. Im Innenraum finden sich schöne Fresken aus dem 12. und 13. Jh., unter ihnen ein Abbild des hl. Christophorus, sowie eine runde, von antiken Säulen getragene Kanzel mit marmornem Lesepult und einige frühmittelalterliche Ornamente.

Essen und Trinken

Trattoria Risorta
(Riva de Amicis 1/A, Tel. 040 271 219, So, Mo geschl.):
Traditionelle Fischgerichte, serviert auf einer traumhaften Terrasse am Meer.

Al Lido
(Via C. Battisti 22/A, Tel. 040 273 338, So abends und Mo geschl.):
Spezialitäten der istrischen und italienischen Küche, frische Meeresfrüchte, im Herbst auch Wildgerichte.

Taverna Cigui
(Via Colarich 92, Tel. 040 273 363, Di abends und Mi geschl.):
Familäre Trattoria inmitten eines Olivenhains mit Blick auf den Golf von Triest; stets frisch zubereitete Gerichte mit Zutaten von Land und Meer.

Allgemeine Informationen

Anreise

Auto

Autobahn A23 (Tarvisio–Udine–Palmanova), dann A4 (Venezia–Trieste) bis Mautstelle Lisert, Ausfahrt Sistiana und über die SS 14 („Costiera") entlang der Triestiner Riviera direkt ins Zentrum, bzw. über die SS 202 vom Karst in die Stadt. Via Slowenien erreicht man Triest über Ljubljana/Laibach (A1 Richtung Koper) und über das kurze Stück der A3.

Bahn

Bahnlinie Tarvis–Udine, umsteigen in die Linie Udine–Gorizia–Triest.
Aus Österreich mehrmals täglich ÖBB-Intercity-Bus Klagenfurt–Villach–Udine–Venedig, ab Wien Nachtzug über Udine nach Venedig, nach Triest immer umsteigen in Udine. Während der Sommersaison verkehren Autozüge der Deutschen Bahn von Berlin, Hamburg und Düsseldorf über Frankfurt (Neu-Isenburg) nach Triest. www.trenitalia.com, www.oebb.at, www.dbautozug.de

Bus

Mehrmals täglich Verbindungen von und nach Udine (Linie 51), Lignano (Linie 52) und Grado (Linie 21). www.autostazionetrieste.it

Flugzeug

Internationaler Flughafen Triest (Aeroporto Friuli Venezia Giulia) in Ronchi dei Legionari (Buslinie 51 ab und bis Hauptbahnhof). Direktverbindungen u.a. mit Rom, Mailand, Genua, Catania, Palermo, München, Brüssel und London. www.aeroporto.fvg.it

Schiff

Im Sommer Verbindungen mit Grado und Lignano. www.aptgorizia.it

Auskunft/Information

Touristen-Informationsbüro I.A.T.: Via dell'Orologio 1, Ecke Piazza dell'Unità d'Italia, Tel. 040 34 78 312. Hier gibt es gutes Informationsmaterial zu Verkehrsverbindungen, Unterkunft und Restaurants sowie Stadtpläne und die FVG Card, die zahlreiche Vergünstigungen bei Eintrittspreisen in Museen und anderen Sehenswürdigkeiten der Region Friaul-Julisch Venetien beinhaltet. www.turismofvg.it (auch in deutscher Sprache). Weitere Info-Websites: www.cat-trieste.com (Centro Alberghi Turismo mit Hoteltipps, auch deutsch), www.promotrieste.it (italienisch und englisch), www.triesteturismo.net (auch deutsch), www.trieste.com (Veranstaltungskalender, nur italienisch), www.meteo.trieste.it (Wetterbericht), www.marecarso.it (Küste, Karst und Weinstraße, nur italienisch).

Diplomatische Vertretungen/Konsulate

Deutschland: Generalkonsulat Mailand, Milano, Via Solferino 40, Tel. 02 62 31 101, in Notfällen Mobiltel. 335 62 55 621.
Österreich: Honorarkonulat Triest, Via San Nicolò 28, Tel. 040 63 37 12.
Schweiz: Honorarkonsulat Triest, Via Battisti 18, Tel. 040 76 00 400.

Einkaufen/Märkte

Antiquitäten werden an jedem dritten Sonntag des Monats hinter der Piazza della Borsa (Via delle Beccherie und Seitengassen) an mehreren Dutzend Ständen angeboten.

Ein buntes Bild bietet der Ponterosso-Markt (Obst, Gemüse, Wein, Käse, Textilien) auf der gleichnamigen Piazza am Canal Grande (Di–Sa 8–17 Uhr), weitere Lebensmittel gibt es in der **Markthalle** (*mercato coperto*) in der Via Carducci 36 (Di–Sa 8–19 Uhr), einem 1936 erbauten Meisterwerk des Funktionalismus.

Der **Fischmarkt** liegt in der Riva N. Sauro 1. In der Via C. Battisti im Zentrum gibt es auch schöne Delikatessenläden und Fischgeschäfte zu entdekken.

Wunderbar **Fisch** einkaufen kann man in der Pescheria La Barcaccia, Triests Meeresboutique an der Piazza Perugino. Absolut fangfrische Ware und kreative Happen – etwa der Burger aus Branzino, Orata und etwas Radicchio, der mit Polenta serviert wird. Oder die rohen Thunfischwürfel mit frischem Ingwer. Donnerstag- und Freitagabends verwandelt sich das Geschäft in ein edles Fischlokal. Fischhandlung: Di–Sa 8–14 Uhr; Restaurant: Do, Fr 18.30–22 Uhr, Piazza Perugino 7/A, Tel. 040 944 994.

Triests größtes **Einkaufszentrum** ist das Torri d'Europa (Via Svevo, www.torrideuropa.com) mit 120 Shops auf mehr als 100.000 m² (Mo 12–21, Di–Sa 9–21, So 10–21 Uhr, Bus Linie 1 (Haltestelle Via Orlandi) und Linie 8 (Via Svevo), beide ab Hauptbahnhof, Linie 29 (Haltestelle Via d'Alviano 29) ab Piazza Goldoni.

Modefans finden ansprechende Läden vor allem in den Gässchen um den Corso Italia, die Via San Nicolò, um die Piazza San Giovanni und östlich davon in der Viale XX Settembre (Fußgängerzone).

QUERINI
ORTAGGI DI SICIL
Tio
Peco
ortofrutta

Führungen

Stadtrundfahrten im **Doppeldeckerbus** (Hop on – hop off, April–Oktober) alle 90 Minuten ab Piazzale Marinai d'Italia (www.city-sightseeing.com, Mobiltel. 393 91 72 656).

Geführte **Stadtrundgänge** von Ostern bis Oktober täglich um 10.30 Uhr, an Samstagen um 16.30 Uhr Spezialführungen zu literarischen und anderen kulturellen Themen. Anmeldung und Start beim Touristen-Informationsbüro an der Piazza dell'Unità d'Italia.

Walks inside Trieste. 8 verschiedene Führungen inkl. Tour zu Schlössern, Karst und Muggia. www.walksinsidefvg.it

Gesundheit

Wer in Italien eine Erste-Hilfe-Station (*pronto soccorso*) oder eine Ambulanz in öffentlichen Krankenhäusern aufsucht, muss zunächst einmal ein so genanntes Ticket (je nach Region zwischen 20 und 30 Euro) lösen. Eine eventuelle ambulante Weiterbehandlung ist dann für Touristen aus dem EU-Raum und der Schweiz kostenlos. Die großen Triestiner Krankenhäuser sind das **Ospedale Maggiore** (Piazza dell'Ospedale 2, Bus Linien 11, 22, 23) und das **Ospedale di Cattinara** (Strada di Fiume 447, Bus Linien 22, 25). Info unter Ospedali Riuniti di Trieste (Tel. 040 39 91 111 und www.aots.sanita.fvg.it), über die auch ein ärztlicher Notdienst für weniger dringende Fälle alarmiert werden kann.

Nicht alle Arztpraxen akzeptieren die Europäische Krankenversicherungskarte (EKVK, meist als Rückseite der nationalen Gesundheitskarte e-Card). In einem solchen Fall muss man zuvor bei der lokalen Krankenkassenstelle vorsprechen oder das Arzthonorar selbst auslegen und zu Hause bei seiner Versicherung einreichen.

Triest weist eine hohe Dichte an Apotheken auf, einige sind sogar rund um die Uhr geöffnet. Infos unter www.farmacistitrieste.it. Medikamente haben aber oft andere Namen, weshalb man im Fall des Falles die Beipackzettel mit den Angaben der Wirkstoffe mitnehmen sollte, nach denen sich der Apotheker richten kann.

Notruf

- Polizeinotruf/Carabinieri: 112
- Allgemeiner Notruf: 113
- Feuerwehr: 115
- Ärztlicher Notruf/Rettung: 118
- Pannendienst des Automobilclubs ACI: 80 31 16

Parkplätze und Garagen

Gratis-Parkplätze gibt es so gut wie keine mehr in Triest, zumindest untertags. Wer sich die Gebühren zwischen 4 und 30 Euro pro Tag sparen will, dem stehen am Flughafen in Ronchi dei Legionari noch freie Stellplätze zur Verfügung. Von dort kann man im Halbstunden-Takt mit den Bussen der Linie 51 bis zum Hauptbahnhof fahren. Die meisten Hotels der gehobenen Kategorie verfügen über eigene Parkplätze bzw. Garagen, die allerdings nur selten gratis sind (mindestens 20 Euro pro Tag).

Die Parkplätze auf den Rive am Hafenbecken, nah bei der zentralen Piazza Unità, sind wie alle anderen im Stadtzentrum von Montag bis Samstag zwischen 8 und 20 Uhr gebührenpflichtig (pro Stunde 1,40 Euro, Stand 2011), die großen Parkplätze in Barcola am Stadtrand (Viale Miramare und Piazzale 11 Settembre 2001) tgl. 9–18 Uhr.

Die größten Parkgaragen sind Centralpark (Via Fabio Severo 23) und Foro Ulpiano 1 (beide ziemlich zentral, Nähe Giardino Pubblico), „Il Silos" beim Hauptbahnhof (Via Gioia Flavio 2/Piazza della Libertà, 12 Euro für 24 Stunden, Stand 2011), „Saba Italia" (Piazza Repubblica 9) und „Garage Regina", die auch für Wohnwagen und Camper geeignet ist (Via della Raffineria 6, Bus Linie 18 Piazza Garibaldi; Online-Vorbestellung unter www.myparking.it). Auskünfte über Gebühren und Öffnungszeiten der Triestiner Garagen: www.sabait.it.

Rauchen

... ist in ganz Italien in allen öffentlichen Räumen strikt verboten, also auch in Cafés, Restaurants, Bars, Diskotheken, etc., wenn sie über keine gesonderten, speziell gekennzeichneten und ausreichend belüfteten Raucherräume verfügen. Wer gegen dieses Gesetz verstößt, muss mit empfindlichen Geldstrafen rechnen. Dies gilt nicht nur für den Gast, sondern auch für den Lokalbesitzer.

Sport

Fitness

Club Fitness Center, Via S. Nicolò 13 (Stadtzentrum), Tel. 040 366 783, www.clubfitnesscenter.it.
California Gym, Via Bellosguardo 21, Bus Linien 15, 30, Tel. 040 306 216, www.californiapalestre.com.

Golf

Golf Club Trieste (18 Loch), Loc. Padriciano 80, Bus Linien 39, 39/, 51, Tel. 040 226 159, www.golfclubtrieste.net.

Jogging

Ein schöner Parcours verläuft entlang des Meeres von Barcola (Bus Linien 6, 36) bis zum Schloss Miramare (eine Strecke 3,5 Kilometer).

Klettern

Kletterhalle Palarock, Via Frescobaldi 23, Bus Linie 34, Tel. 339 69 00 659, www.olympicrock.it. Im Sommer Kletterkurse im Val Rosandra.

Radfahren

Verleih von City- und Mountainbikes, geführte Radtouren durch den Karst bei Carsokras, **Duino-Aurisina**, Loc. Duino 50, Bus Linien 44, 73, Tel. 347 44 00 895, www.carsokras.com.

Reiten

Reiterhof Circolo Ippico Alpe Adria, Sgonico, Loc. Gabrovizza 117, Bus Linie 46, Tel. 040 225 005, www.circoloippicoalpeadria.it.
Reiterhof Circolo Ippico Mezzaluna, Duino-Aurisina, Loc. Malchina 54, Bus Linie 43 (nur an Werktagen), Tel. 040 29 07 145, www.circoloippicomezzaluna.it.

Schwimmen

Die Strände zwischen Duino und Barcola sind meist aus grobem Kies, zeichnen sich aber dafür durch klares Wasser aus. Die Badeplätze, zum Teil schöne, versteckte Buchten, erreicht man häufig nur über steile Fußwege. Für textilfreies Baden in Sonne und Meer gibt es kleine FKK-Abschnitte bei Sistiana (Cava Casali, Costa dei Barbari) und Aurisina (Liburnia).
Im Zentrum von Triest erfreuen sich die traditionsreichen Badeanstalten Ausonia (Via Traiana 1) und Bagno alla Lanterna, auch Pedocin genannt, (Molo F. Bandiera 3) trotz Hafennähe großer Beliebtheit (Bus Linien 8, 9).
Ein modernes Hallen-Schwimmbad ist das Piscina Termale Acquamarina (Molo F. Bandiera 1, Bus Linien 8, 9).

Tennis

Tennis Club Triestino, Loc. Padriciano 175, Bus Linien 39, 39/, 51, Tel. 040 226 179, www.tctriestino.com.

Wandern

Über Wanderwege am Meer und im Karst informieren die Websites www.marecarso.it und www.turismofvg.it.

Wassersport

Das grandiose Natur-Amphitheater des Triestiner Golfs lädt zu vielen Wassersportarten ein, in erster Linie Segeln und Windsurfen, aber auch Rudern. Segelkurse und Bootsverleih mit und ohne Skipper organisiert der **Arawak Yacht Club** (Via Diaz 15, Bus Linien 8, 9, 10, 24, 30, Tel. 040 304 956, www.arawak.it), Wind- und Kitesurfer wenden sich an den **Club Surf Trieste** (Barcola, Viale Miramare 31/c, Bus Linien 6, 36, Tel. 040 425 145, www.surftrieste.it). Seit 1896 gibt es die **Società Canottieri Trieste**, der Stützpunkt der Ruderer befindet sich in der Nähe des **Yacht Club Adriaco**, Pontile Istria 4 – Riva Grumula, Tel. 040 306 000, www.canottieritrieste.it). Wer mit dem eigenen Boot unterwegs ist, findet in allen Küstenorten zwischen Lignano und Istrien, aber auch im Zentrum von Triest gut ausgestattete Marinas mit mehr als 15 000 Anlegeplätzen (Info: www.turismofvg.it). Kanu- und Kajaksportler können sich bei der **Kajak-Gruppe Liburnia** (c/o Castellano, Via Conti 15, Bus Linien 5, 19, Tel. 040 632 287, www.kayakliburnia.org) informieren.

Taucher kommen im Unterwasser-Naturreservat von Miramare auf Ihre Rechnung (www.riservamarinamiramare.it), Tauch-Exkursionen bis nach Kroatien veranstaltet der **Tauchclub „Gammasub"** (Info im Tauchshop Via Settefontane 48, Bus Linien 18, 19, 20, 21, Tel. 040 942 908, www.gammasub.it).

Telefon

In Italien zählt die Ortsvorwahl (im Falle von Triest 040) inklusive der Null zum festen Bestandteil jeder Festnetz-Telefonnummer, ganz gleich ob man vom Ausland anruft oder innerhalb einer Ortszone wählt. Notfall-, Service und Mobiltelefon-Vorwahlnummern sind von dieser Regelung ausgenommen, beginnen also nicht mit einer Null. Die internationale Vorwahl für Verbindungen nach Italien lautet 0039. Beim Telefonieren von Italien ins Ausland entfällt wie üblich die Null der Ortsvorwahl nach dem Landeskennzeichen (Deutschland 0049, Österreich 0043, Schweiz 0041). Durch die große Verbreitung von Mobiltelefonen gibt es auch in Triest nur mehr wenige öffentliche Telefonzellen, die meist mit Prepaid- oder Kreditkarten funktionieren. Die Versorgung im Mobilfunknetz ist im Raum Triest quasi lückenlos.

Unterkunft

Hotels

Vom 5-Sterne-Palazzo bis zur Jugendherberge finden sich in Triest und Umgebung Unterkunftsmöglichkeiten aller Kategorien. Bequeme Hotelsuche auch über die Website des Touristen-Informationsbüros www.turismofvg.it. Achtung: Bis zu 100% erhöhte Zimmerpreise während internationaler Veranstaltungen wie der Herbstregatta „La Barcolana".

Gehobene Preise (Triest):

Grandhotel Duchi d'Aosta, Piazza dell'Unità d'Italia 2, Tel. 040 76 00 011, www.duchi.eu: Schönstes Hotel am schönsten Platz der Stadt, historisches Ambiente, moderner Komfort.
Miramare, Viale Miramare 325 (Bus Linie 36), Tel. 040 22 47 085, www.hotelmiramaretrieste.it: Modernes, komfortables Haus direkt am Meer in der Nähe des gleichnamigen Schlosses. Eigene Parkplätze.
Savoia Excelsior Palace, Riva del Mandracchio 4, Tel. 040 77 941, www.savoiaexcelsiorpalace.starhotels.com: Gepflegte Atmosphäre in einem Palast aus dem 19. Jh., elegante Zimmer in klassischem Stil.
Urban, Via Androna Chiusa 4, Tel. 040 30 20 65, www.urbanhotel.it: Wohlfühl-Hotel in schickem Design, zentrale Lage.

Mittelklasse (Triest):

Albergo della Posta, Piazza Oberdan 1, Tel. 040 365 208, www.albergopostatrieste.it: Außen historisch, innen modern und komfortabel. Zentrale Lage an der Abfahrtsstelle der Tram nach Opicina.
James Joyce, Via dei Cavazzani 7, Tel. 040 311 023, www.hoteljamesjoyce.com: Schönes Altstadt-Hotel in renoviertem Palazzo.
San Giusto, Via dell'Istria 7 (Bus Linie 10), Tel. 040 764 824, www.hotelsangiusto.it: Gemütliches Haus der Best-Western-Kette unweit des gleichnamigen Hügels, jüngst renoviert, große Garage.
Victoria, Via Alfredo Oriani 2 (Bus Linien 20, 21, Largo Barriera), Tel. 040 362 415, www.hotelvictoriatrieste.com: Stilvolles Ambiente, hoher Komfort, gutes Service, gemütliche Bibliothek, bewachter Privatparkplatz.

Mittelklasse (Umgebung):

Center Hotel, Basovizza, Via Igo Gruden 43 (Bus Linien 39, 51), Tel. 040 92 21 334, www.centerhotel.it: Sympathisches Familienhotel, gemütliche Zimmer mit allem Komfort, Parkplätze.
Alla Dama Bianca, Duino, Via Duino Porto 61 (Bus Linie 44), Tel. 040 208 137, www.alladamabianca.com: Traumlage am Meer, ideal für einen Badeurlaub, nette Zimmer, gutes Restaurant.
Krizman, Monrupino, Repen 76 (Bus Linie 42), Tel. 040 327 115, www.hotelkrizman.eu: Heimeliger Familienbetrieb, schlichte Zimmer, gutes Restaurant, Garten, Parkplätze.
Al Lido, Muggia, Via C. Battisti 22 (Bus Linie 20), Tel. 040 273 338, www.hotellidotrieste.com: Modernes Haus am Ortsrand, eigener Bootsanlegeplatz, Privatparkplätze, ausgezeichnetes Restaurant.
Posta, Sistiana 51 (Bus Linie 44), Tel. 040 299 103, www.hotelposta.ts.it: Traditionsreiches Hotel mit freundlichen, gut ausgestatteten Zimmern mit Meer- oder Gartenblick, gesicherte Parkplätze.

Preisgünstig (Triest)

Alabarda, Via Valdirivo 22, Tel. 040 630 269, www.hotelalabarda.it: Einfaches und sauberes Hotel in zentraler Lage zwischen Bahnhof und Canal Grande; auch 3- und 4-Bett-Zimmer.
Nuovo Albergo Centro, Via Roma 13, Tel. 040 34 78 790, www.hotelcentrotrieste.it: Sympathisches Hotel im Herzen des

Theresianischen Viertels mit vorwiegend jungen Gästen.
La Mariposa, Via della Guardia 42 (Bus Linie 1 ab Hauptbahnhof bis Halt Chiesa S. Giacomo), Tel. 040 639 979, www.dantesol.it: Kleine, gastfreundliche Frühstückspension.
Tergeste, Viale Miramare 331 (Bus Linie 36, Halt Bivio Miramare), Tel. 040 224 102, www.ostellotrieste.135.it: Jugendherberge in Traumlage am Meer beim Schloss Miramare. März–Oktober tgl. 15.30–24 Uhr geöffnet.

Preisgünstig (Umgebung)

Gruden, Prepotto, San Pelagio 49, Tel. 040 20 01 51, www.myresidence.it: Günstige, nette Wohnungen. Sehr gute Karstküche.
Domačija Šajna, Sežana, Šepulje 4, Tel. +38 65 76 41 096, www.sajna.si. Prächtig renovierter Gutshof nahe Triest. Guter Mix aus mediterraner und Karstküche.

Agriturismo

Lupinc, Duino-Aurisina, Loc. Prepotto 11/b (Bus Linie 43, nur an Werktagen), Tel. 040 200 848, www.lupinc.it. Nette Gästezimmer in einem umgebauten Kornspeicher, gemütliche Osmiza und Restaurant (mit großem Garten), hervorragende Eigenbau-Weine. April bis Oktober geöffnet, Restaurant nur Fr–So.
Terra del Carso, Duino-Aurisina, Loc. San Pelagio 28 (Bus Linie 43, nur an Werktagen), Tel. 040 201 056, www.agriturismiradovic.com. Rustikale Apartments in Bio-Landwirtschaftsbetrieb; Radverleih, Kinderspielplatz, Parkplätze. Ganzjährig geöffnet.
Hermada, Duino-Aurisina, Loc. Ceroglie 1 (Bus Linie 43, nur an Werktagen), Tel. 040 299 501, www.agriturismohermada.it. Einfache Zimmer und komplette Apartments (mit Küche) in einem typischen Karst-Haus inmitten eines Olivenhains. Eigene Produkte (Olivenöl, Schinken, Obst, Gemüse). Geöffnet März bis Oktober.
Le Torri di Slivia, Sistiana, Loc. Aurisina Cave 62 (Bus Linie 44), Tel. 338 35 15 876, www.letorridislivia.net. Moderner Landwirtschaftsbetrieb mit netten Apartments, Reitstall, eigener Tropfstein-Grotte, Osmiza und schönem Garten. Ganzjährig geöffnet.
Fattoria Carsica Bajta, Sgonico, Loc. Sales 108 (Bus Linie 46), Tel. 040 22 96 090 oder 339 36 78 152, www.bajta.it. Einfache, gemütliche

Zimmer, beliebtes Restaurant (tgl. außer Mo), Wein, Schinken, Würste hausgemacht. Ganzjährig geöffnet.
Skerlj, Sgonico, Loc. Sales 44 (Bus Linie 46), Tel. 040 229 253, www.agriturismoskerlj.com. Drei schöne Apartments, deftige Küche auf Schweinefleisch-Basis, alles aus eigener Produktion (Restaurant Juli/August geschlossen). Großer Garten, Auto-Abstellplätze. Ganzjährig geöffnet.
Agriturismo Milic, Sgonico, Zagradec 2, Tel. 040 22 93 83, www.agriturismomilic.it. Empfehlenswerte Adresse im Karst. Typische Osmiza, eigene Schinken und Weine. Urige Zimmer.
Agriturismo Bibc, Santa Croce 262, Tel. 040 22 07 22. Hübsche Lage über dem Meer, gute Hausmannskost.

B&B

Privatzimmer (Bed and Breakfast) vermittelt das **Touristen-Informationsbüro.**

Camping

Obelisco, Triest, Villa Opicina, Strada Nuova Opicina 37 (Bus Linie 42, Tram Linie 2), Tel. 040 211 655, www.campeggiobelisco.it: Gepflegte Grünanlage, Bar-Restaurant, ganzjährig geöffnet.
Excelsior, Monrupino, Fernetti 23 (Bus Linie 42), Tel. 040 216 968, www.campingexcelsior.com: Kleine, saubere Anlage mit Restaurant und einigen Bungalows, ganzjährig geöffnet.
Marepineta, Sistiana, Via Sistiana 60 (Bus Linie 44), Tel. 040 299 264, www.baiaholiday.com: Schattiger Platz über dem Meer, Busshuttle zum Strand, Swimmingpool, Mobilheime, Bar-Restaurant, Supermarkt, April bis Mitte Oktober geöffnet.

Veranstaltungen

Januar

Filmfestival des Alpen-Adria-Raums (Festival del Cinema di Alpe Adria, www.alpeadriacinema.it, www.triestefilmfestival.it).

Februar/März

Karnevalsumzüge in Muggia (www.carnevaldemuja.com), Villa Opicina (www.kraskipust.org) und Triest (im Palio dei Rioni wetteifern die Stadtviertel um den Preis für den schönsten Wagen).
Olivenöl-Fachmesse: Internationale Veranstaltung (www.oliocapitale.it).

April

Festa di San Marco in Duino, Ortsteil Villaggio del Pescatore (rund um den 25. April) mit Prozession, Musik und kulinarischen Spezialitäten.

Mai

Triest-Marathon „La Bavisela" am 1. Mai-Sonntag (www.bavisela.it)
Kammermusik-Wettbewerb „Premio di Trieste" (www.acmtrioditrieste.it) mit internationaler Beteiligung.

Juni/Juli/August

Flohmarkt (Mercatino dell'Usato) Juni–August jeden Freitag 17–24 Uhr in Sistiana Mare (Info Tel. 339 749 53 33)
Serestate Trieste: Bunte Veranstaltungsreihe mit Klassik, Jazz und Rock (www.serestatetrieste.it), darin inkludiert ein
Internationales Operettenfestival im Teatro Verdi (www.teatroverdi-trieste.com).
Sommer-Karneval von Muggia (www.carnevaldemuja.com).
Sagra Paesana di Ferragosto (Volksfest zu Mariä Himmelfahrt) im Areal der Burg von Monrupino mit reichem kulinarischem Angebot.

September

Muggia Jazz Festival mit internationaler Beteiligung am ersten September-Wochenende auf der Piazza Marconi (www.muggiajazz.com).
Piazza Europa am letzten Septemberwochenende: **Spektakulärer Straßenmarkt** zwischen Piazza della Borsa und Piazza Sant'Antonio Nuovo mit regionalen Erzeugnissen von Handwerk und Gastronomie (www.piazzaeuropa.eu).

Oktober/November

La Barcolana: Größte Segelregatta an der Adria mit bis zu 2000 Booten – ein eindrucksvolles Ereignis am 2. Oktober-Wochenende (www.barcolana.it).
Lateinamerika-Filmfestival (Festival del Cinema Latino Americano) mit umfangreichem Rahmenprogramm (www.cinelatinotrieste.org).

Kaffee-Messe „Trieste Espresso", alle geraden Jahre (www.triestespresso.it).
Antiquitätenmesse „Trieste Antiqua" mit internationaler Beteiligung (www.triesteantiqua.it).
Internationales Science-Fiction-Festival mit Filmen, Ausstellungen und Konferenzen, Ende November (www.scienceplusfiction.org).

Dezember

Dicembre in Piazza: Konzerte, Straßenkunst und Weihnachtsmärkte in der Altstadt von Muggia (www.comune.muggia.ts.it).
Mercatino di Natale: Weihnachtsmarkt mit Geschenkartikeln aus Italien und aller Welt, Piazza S. Antonio (www.girofvg.com).

Verkehrsmittel

Das dichte Busnetz der Städtischen Verkehrsbetriebe (Trieste Trasporti) umfasst nicht nur die Stadt, sondern auch ihre nähere Umgebung samt Karst und Muggia. Eine Übersicht über Linien und Fahrpläne findet man in dem **Faltblatt „Trieste Trasporti"** (erhältlich im Touristen-Informationsbüro und in Zeitungsläden) und auf www.triestetrasporti.it. Fahrkarten gibt es nur in Tabak- und Zeitungsläden bzw. Kiosken, in Buchhandlungen, Bars und manchen Tankstellen sowie an Ticket-Automaten, aber nicht in den Bussen.
Fahrkarten kosten (Stand 2012) für 60 Minuten 1,15 bzw. 75 Minuten 1,35 Euro. Eine Tageskarte für das gesamte Busnetz kommt auf 3,80 Euro.
Die **Tram** (Linie 2) verkehrt zwischen 7 und 20 Uhr alle 20 Minuten zwischen der Piazza Oberdan und Opicina (www.tramdeopicina.it).
Taxis ruft man unter Tel. 040 30 77 30 (Radio Taxi) oder 040 39 00 39 (Taxi Trieste).
Schiffsverkehr zu einigen Badestränden im Sommer, nach Barcola, Duino, Sistiana, Monfalcone und Grignano (nur 12. Juni bis 11. September). Linie Triest–Muggia fährt das ganze Jahr. Anlegestelle: Molo Pescheria.
Infos: Infopoint Turismo FVG Triest oder www.triestetrasporti.it

Register

Namen- und Ortsregister

TRIEST (Ortsverzeichnis)

GENERALI
FATA

Der Autor

Heinz Tomek, Jahrgang 1939, geboren und aufgewachsen in Wien, war über drei Jahrzehnte bei der Austria Presse Agentur (APA) tätig. Autor zahlreicher Reiseführer über Sizilien, Neapel, Apulien, Elba, Gardasee, Prag, Tschechien und Wien, meist gemeinsam mit seiner Frau Eva Gründel. Seit frühester Jugend Italien-Fan, lebt er in Wien und auf Sizilien.

Redaktionelle Mitarbeit:

Arno Wiedergut
Werner Ringhofer

Weiterführende Literatur:

- Hermann Bahr, **Dalmatinische Reise**. *S. Fischer, Berlin 1909*
- Claudio Magris, **Die Welt en gros und en détail**, *übersetzt von Ragni Maria Gschwend. Hanser, München 1999 (Original: Microcosmi. Garzanti, Milano 1997)*
- Scipio Slataper, **Mein Karst**. Mit einer Auswahl autobiographischer Prosa. *Herausgegeben und übertragen von Ilse Pollack, Wieser, Klagenfurt 1988*

Kartographie:	Cesare Tarabocchia

Bildnachweise:

• **Crozzoli, Gabriele:**	Cover, Rückseite (klein), 14, 17, 18, 69, 98, 118, 119, 120, 168
• **Gallina, Fabrice:**	6, 10, 11, 13, 31, 34, 36, 39, 41, 63, 67, 68, 70, 72, 87, 88, 107, 113, 146, 155, 158, 172
• **Menis, Gabriele:**	59
• **Milani:**	Rückseite (klein), Vorsatz, 104
• **Parenzan, F.:**	93
• **Savella, Alessandro:**	20, 97, 115
• **Heinz Tomek:**	129, 130
• **Trieste (ohne Angabe):**	Cover (klein), 66, 77, 78, 99, 100, 166
• **Valdemarin, Maurizio:**	Cover (klein), 27, 150, 151, 152
• **Vici, Roberto:**	93
• **Wiedergut, Arno:**	Rückseite (klein), 8, 30, 32, 42, 45, 46, 49, 52, 53, 56, 57, 64, 80, 81, 82, 89, 90, 108, 109, 110, 112, 114, 117, 124, 127, 131, 133, 134, 136, 137, 138, 139, 140, 143, 144, 145, 149, 156, 160, 163, 164
• **www.rzpr.at:**	123